GRAPHIC DESIGN

COOKBOOK

MIX & MATCH RECIPES FOR FASTER, BETTER LAYOUTS

BY
LEONARD KOREN
&
R. WIPPO MECKLER

CHRONICLE BOOKS
SAN FRANCISCO

Printed in China
Library of Congress Cataloging-in-
Publication Data:

Koren, Leonard.
Graphic design cookbook: mix and match
recipes for faster, better layouts / by
Leonard Koren and R. Wippo Meckler.
p. cm.
ISBN 0-8118-3180-9
1. Printing, Practical—Layout.
2. Graphic Arts.
I. Meckler, R. Wippo
II. Title
Z246.K67 1989
686.2'24—dc19   88-30242
                              CIP

*This book was produced entirely on the
Apple Macintosh II computer and output
to the Linotronic 300 typesetter.*

Distributed in Canada by
Raincoast Books
9050 Shaughnessy Street
Vancouver, B.C. V6P 6E5

10 9 8 7

Chronicle Books LLC
85 Second Street
San Francisco, CA 94105

www.chroniclebooks.com

INTRODUCTION

• Every day thousands of graphic designers and art directors across the country sit down to confront a new design problem. Frequently, their first impulse is to browse through piles of books, magazines, whatever, to help unstick their brain glue: to de-habitualize their approach to problem solving and to find fresh inspiration for those all-important first few decisions in the design process.

  Graphic Design Cookbook offers a stimulating and economical route through hundreds of archetypal graphic design devices, thinking styles, and spatial solutions. The templates it presents, culled from thousands of sources and never set down in one place before, make it easy for the designer to examine, compare, relate, abstract, and deduce visual ideas, cutting down to minutes what would otherwise be hours of browsing so the designer can get down to "cooking" faster.

Graphic Design Cookbook is organized into five chapters that reflect a conceptual bias toward publication design. Chapter 1, "Structuring Space," looks at the empty page as a geometric entity ready for subdivision. Chapter 2, "Orienting on the Page," considers content-bearing elements—heads, bullets, folios, etc.—that define the space of a page. Chapter 3, "Text Systems," explores various ways of handling copy and display type. Chapter 4, "Ordering Information," presents outlines and other hierarchical arrangements of information on a page. And Chapter 5, "Pictorial Considerations," deals with various schemes for enhancing the content value of imagery.

If the foregoing chapter-by-chapter explanation sounds a bit abstract, forget it. The organization of *Graphic Design Cookbook* should be self-evident after you work with it for a while. The ideas developed within each chapter, and within each section within each chapter, progress like music in a basic rhythm of repeating cycles, from simple to complex.

The few words used—the titles at the bottom of the pages—are not meant to be labels locking one into a specific mode of perception. They are meant only to suggest and differentiate the various kinds of information graphic designers often consider when problem solving. It must be remembered that particular design elements and schemes may be relevant to many different design contexts. A box in the section titled "Page Partitioning into Rectilinear Spaces" (page 35) can represent merely a way of dividing up the page, but it can also represent a block of text type, a headline, a photographic image, or a gray bar. The appendix beginning on page 139 might suggest some of these alternative uses.

Effective mixing and matching and synthesizing of these various elements, concepts, and schemes is what graphic design is largely about. As you would with a culinary cookbook, jump into *Graphic Design Cookbook* anywhere. Use it as a runway to your imagination, a catalyst to cook up endless new design "recipes." •

CONTENTS

ORIENTING ON THE PAGE

TEXT SYSTEMS

ORDERING INFORMATION

PICTORIAL CONSIDERATIONS

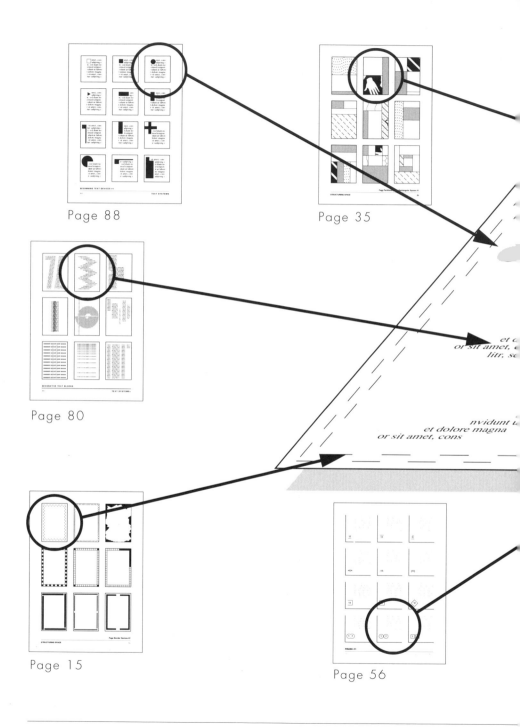

Page 88

Page 35

Page 80

Page 15

Page 56

et dolore magna or sit amet, cons

nvidunt u et dolore magna or sit amet, cons

HOW TO USE THIS BOOK*

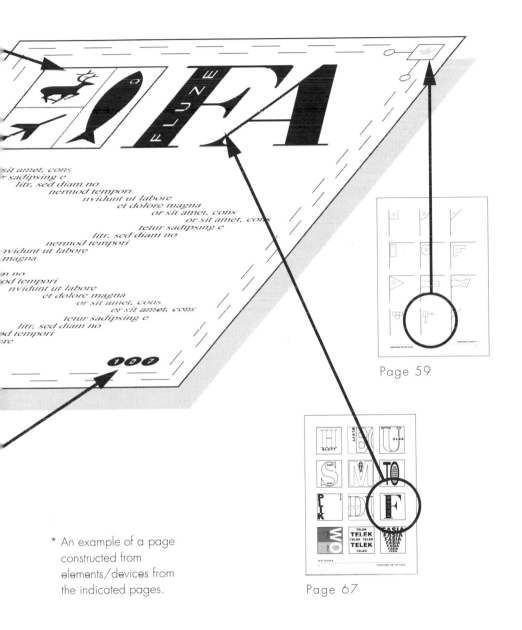

Page 59

Page 67

* An example of a page
constructed from
elements/devices from
the indicated pages.

1

STRUCTURING
SPACE

PAGE BORDER DEVICES #1

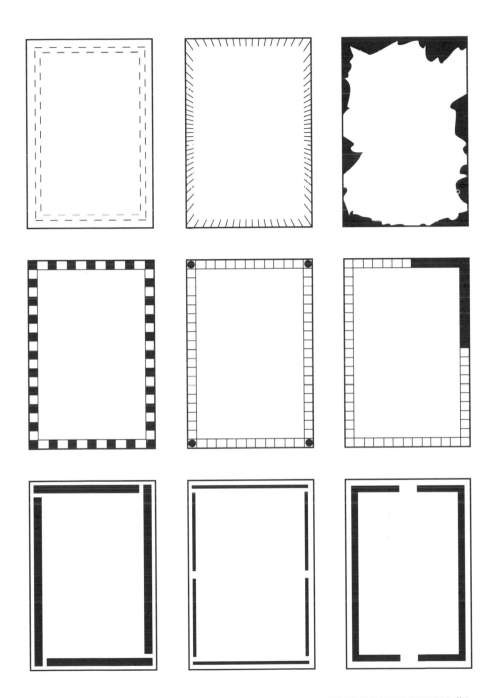

STRUCTURING SPACE

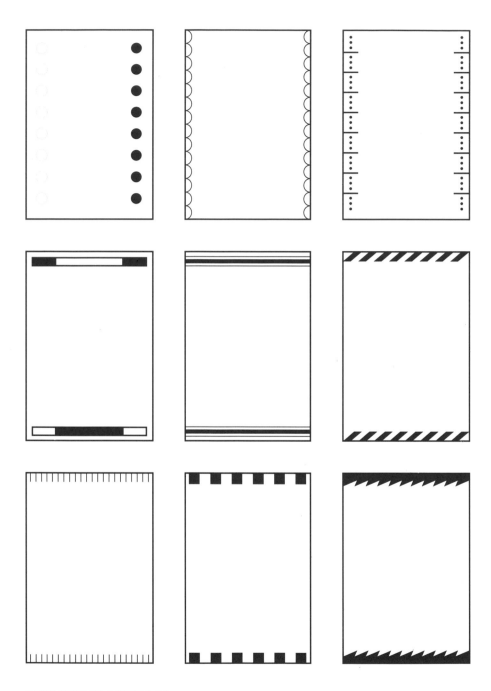

PAGE BORDER DEVICES #3

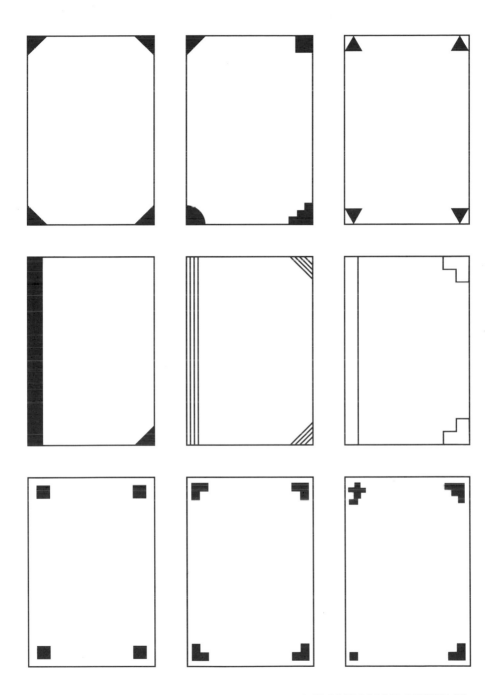

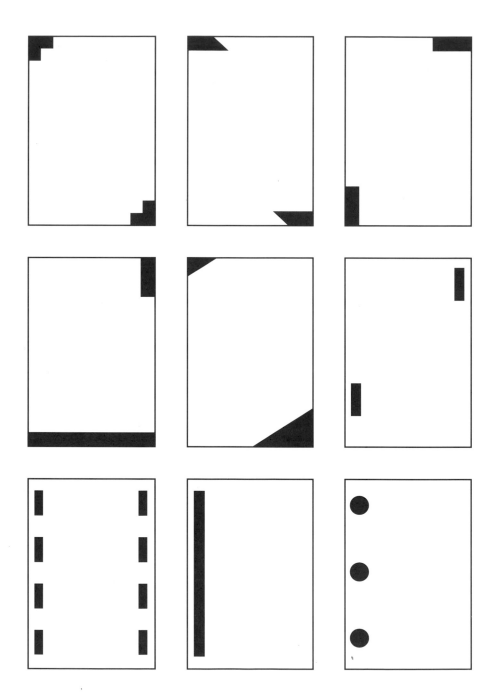

MINIMALIST PAGE BORDER DEVICES #2

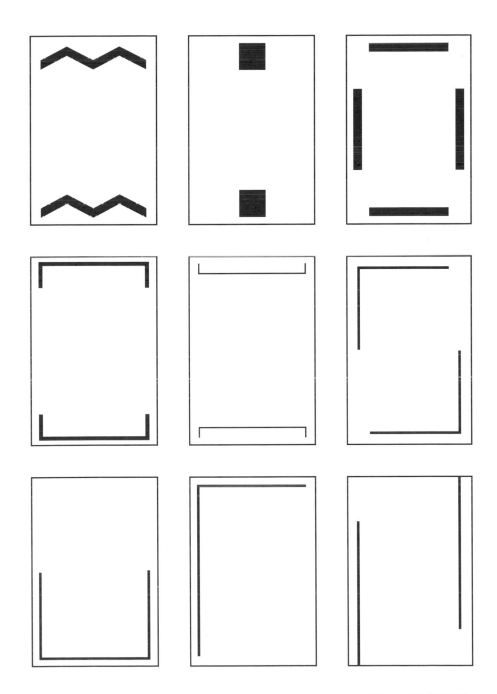

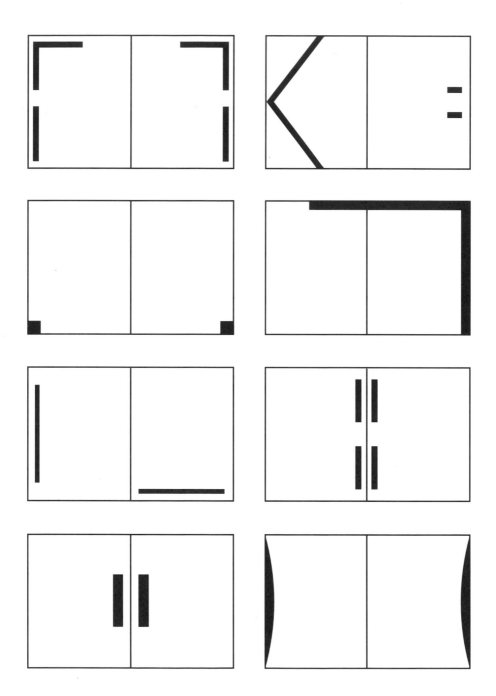

MINIMALIST PAGE BORDER DEVICES #4

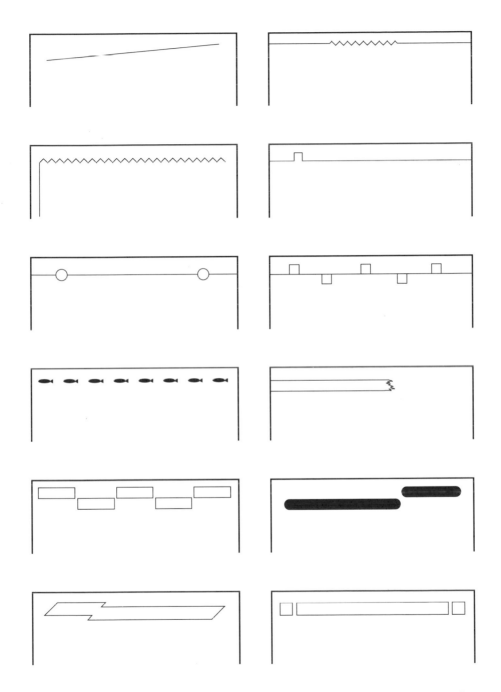

PARTIAL PAGE BORDER DEVICES #2

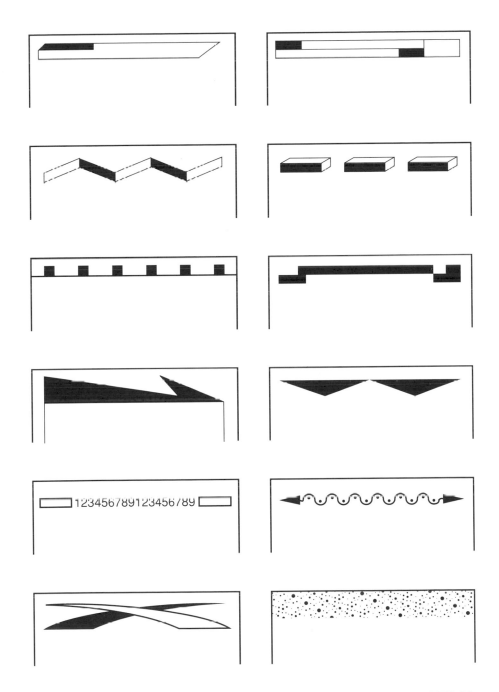

WORD PAGE BORDER DEVICES #1

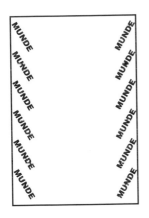

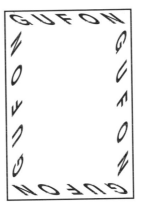

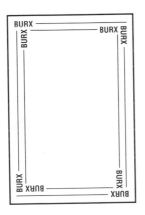

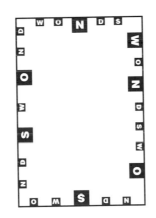

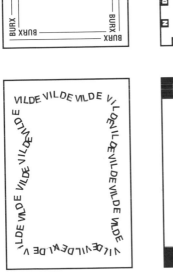

STRUCTURING SPACE

PICTORIAL PAGE BORDER DEVICES

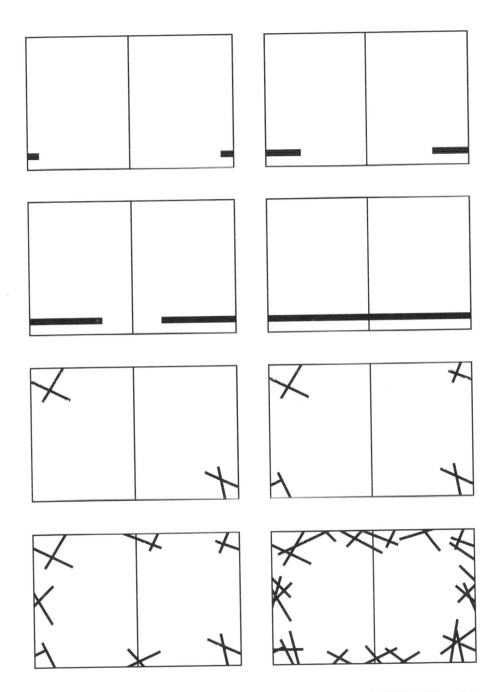

PROGRESSIVE PAGE BORDERING DEVICES #2

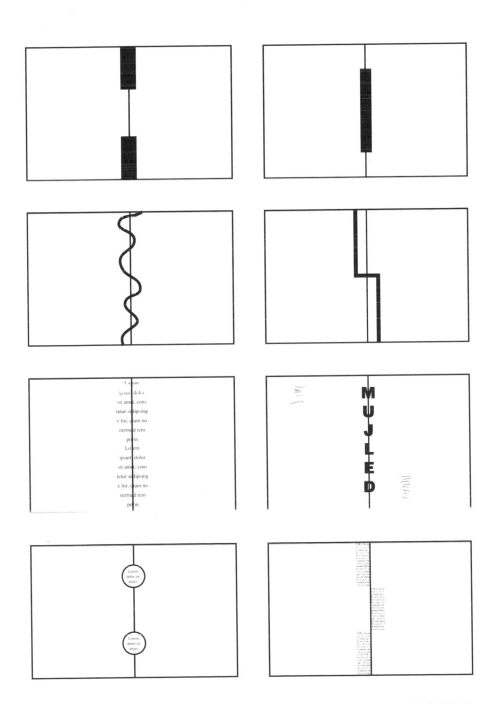

STRUCTURING SPACE

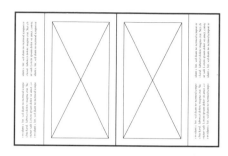

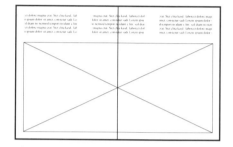

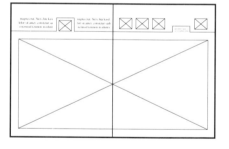

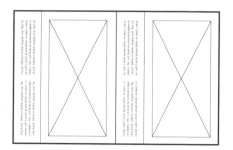

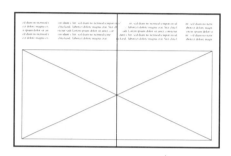

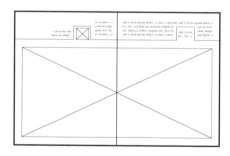

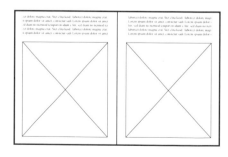

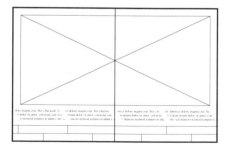

EDGE OF PAGE PARTITIONING #1

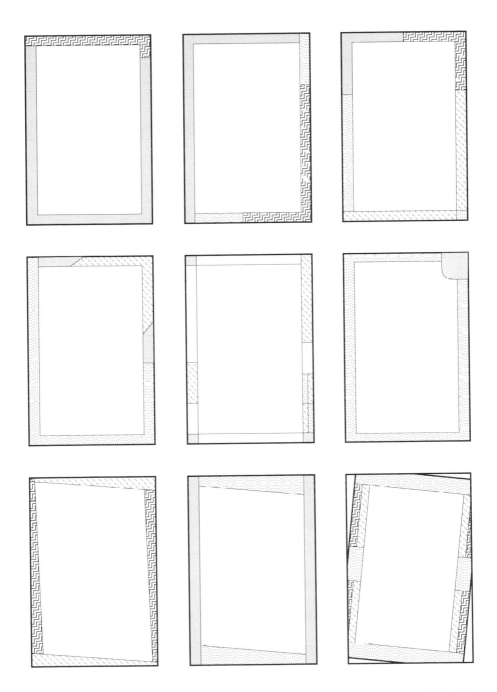

STRUCTURING SPACE

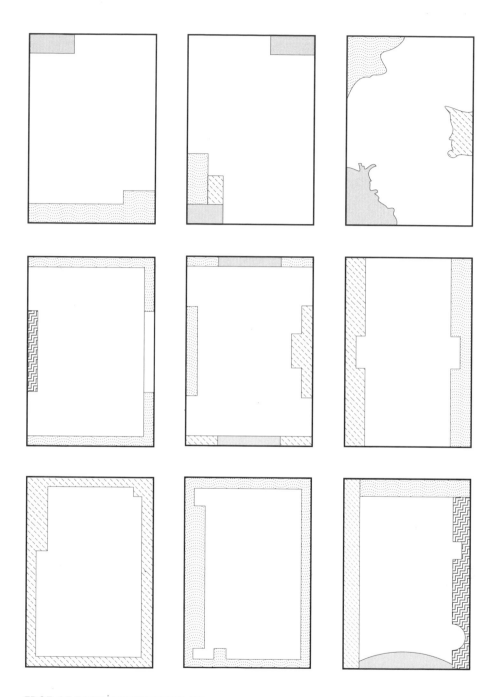

EDGE OF PAGE PARTITIONING #3

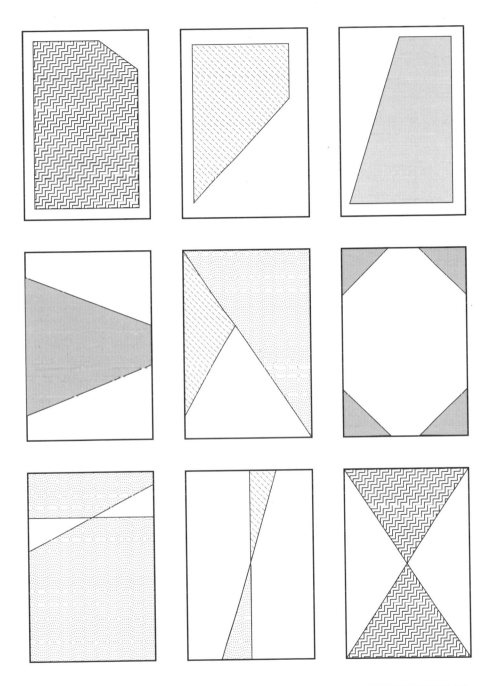

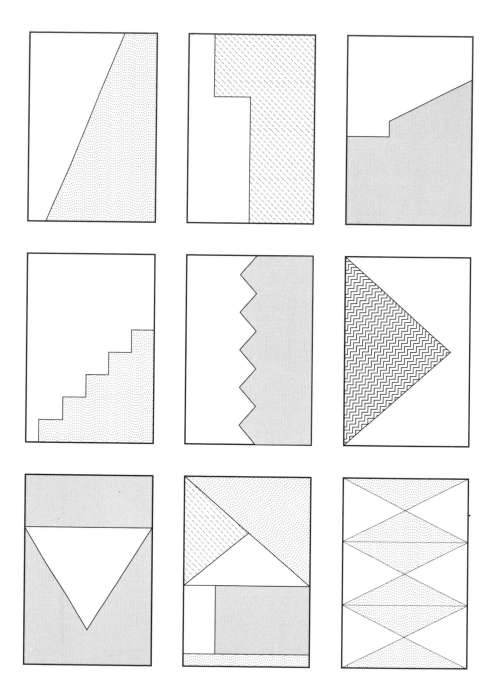

PAGE PARTITIONING WITH STRAIGHT LINES #2

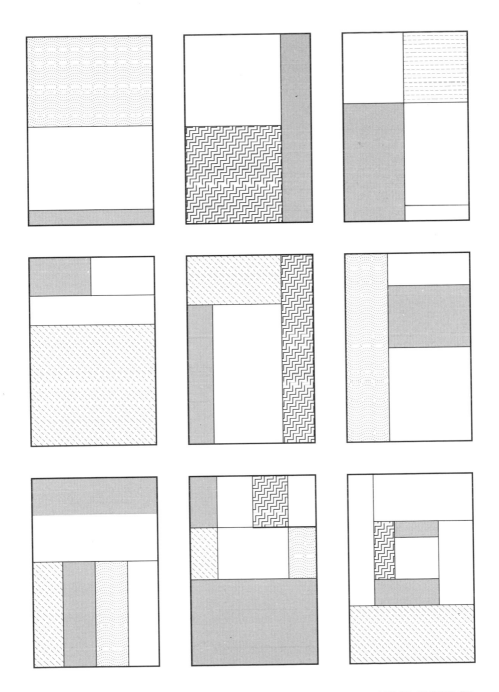

STRUCTURING SPACE

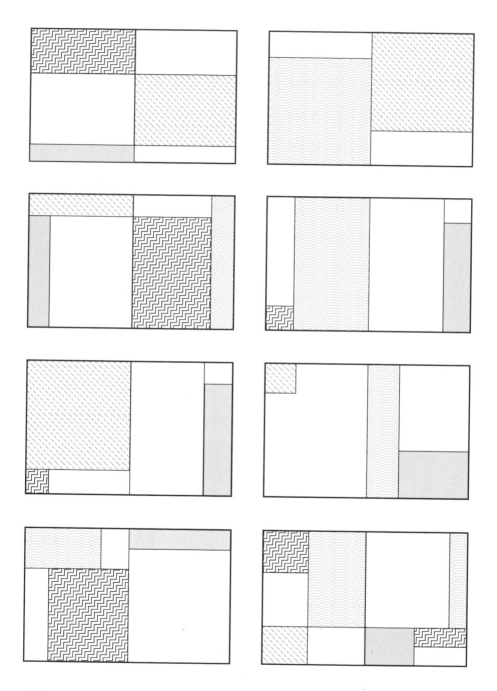

PAGE PARTITIONING INTO RECTANGULAR SPACES #2

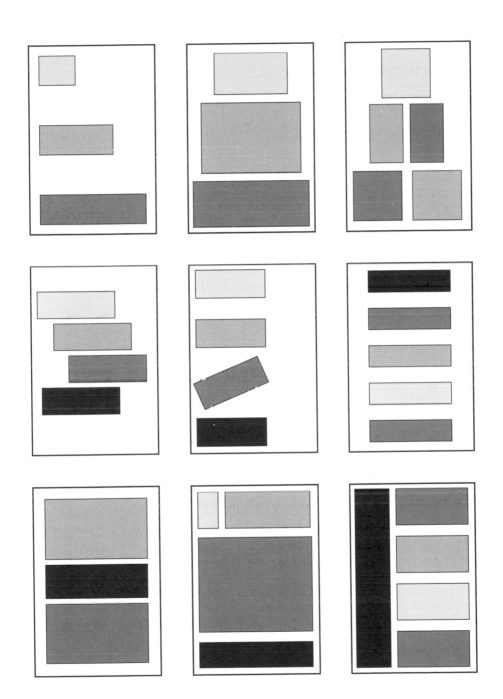

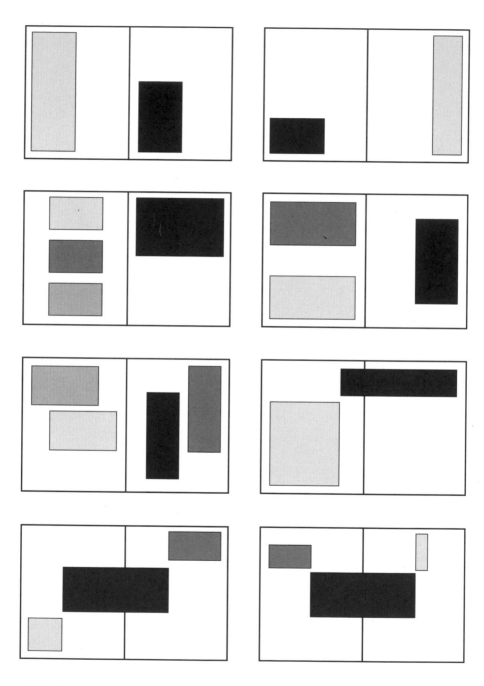

DIVISION OF PAGE INTO RECTILINEAR BOXES #2

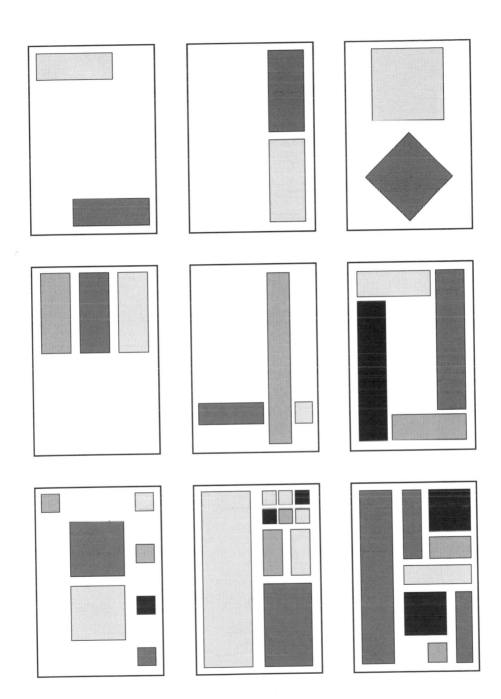

DIVISION OF PAGE INTO ECCENTRIC BOXES

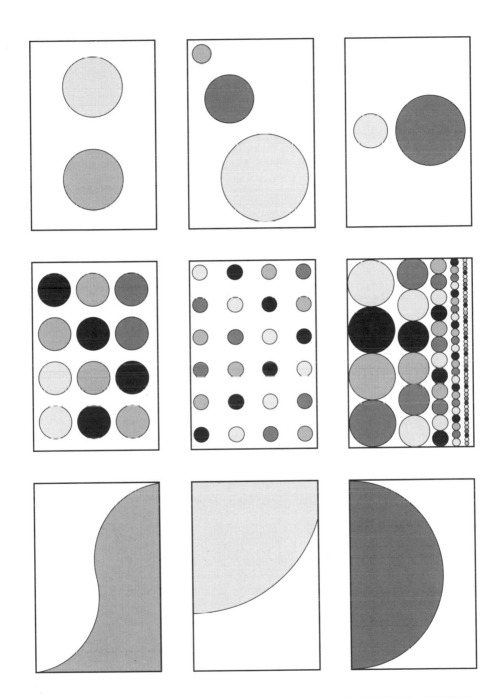

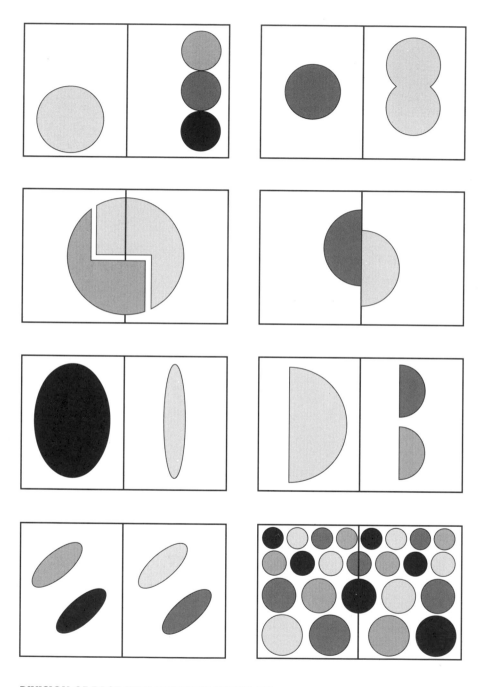

DIVISION OF PAGE INTO SPHERICAL FORMS #2

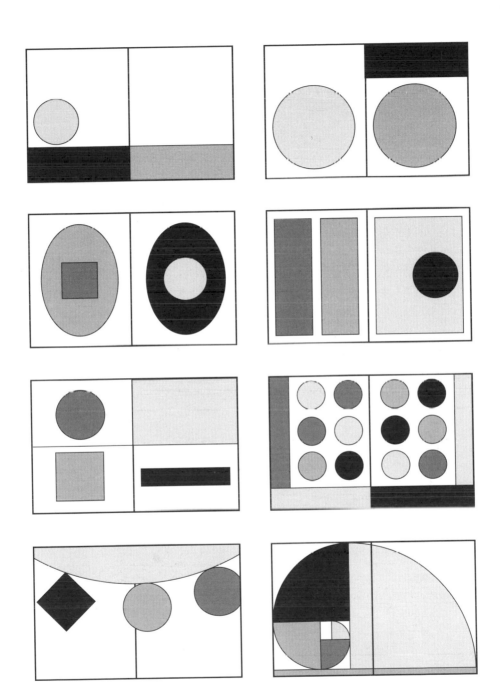

DIVISION OF PAGE INTO SPHERICAL AND RECTILINEAR FORMS

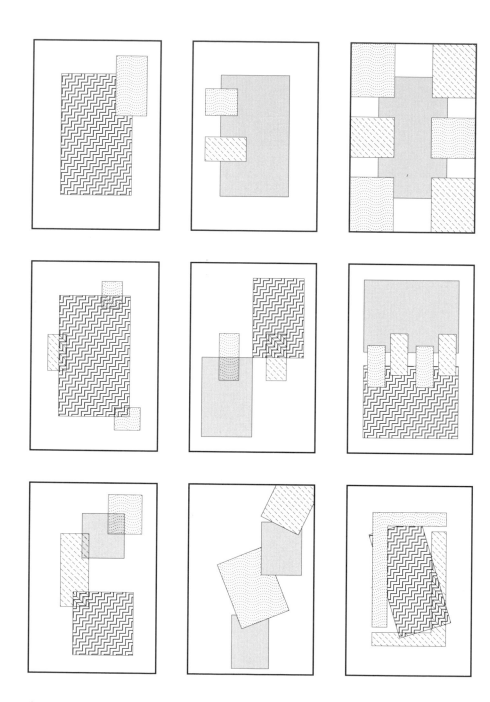

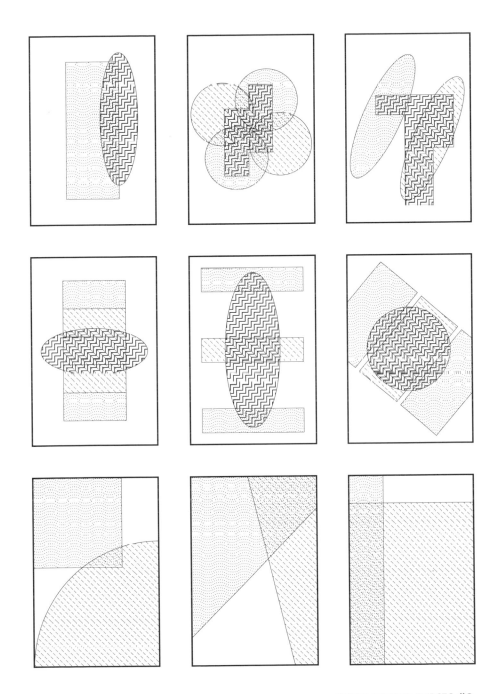

STRUCTURING SPACE

PAGE DIVISION WITH ILLUSIONARY DEVICES #1

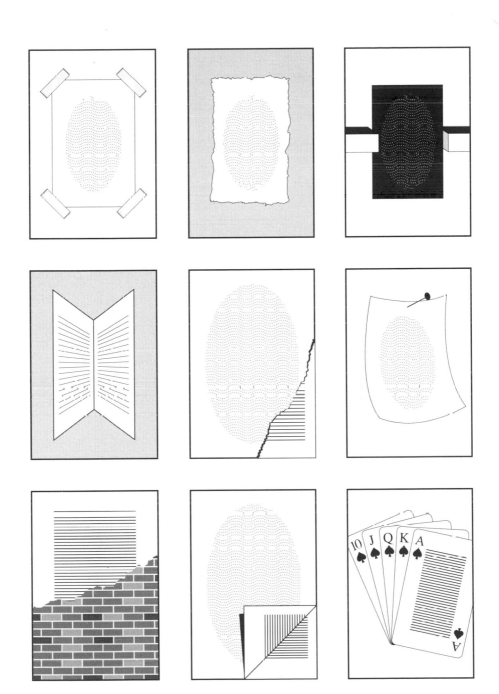

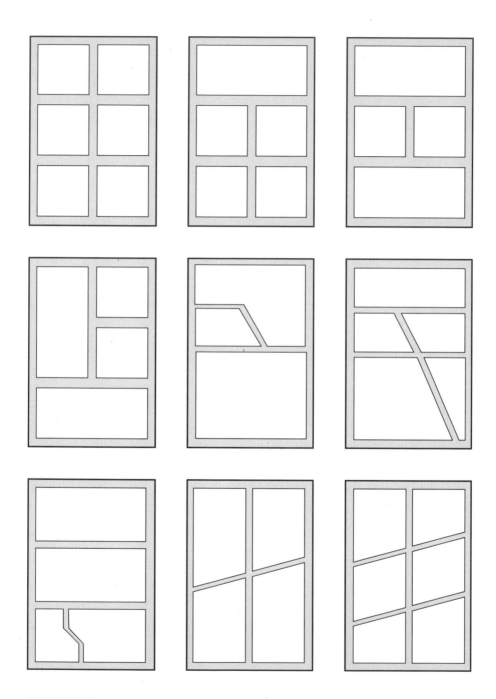

COMIC BOOK LAYOUT SCHEMES #1

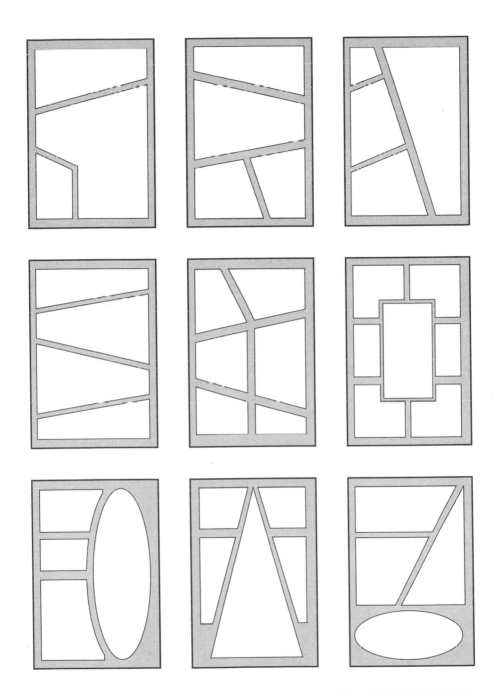

COMIC BOOK LAYOUT SCHEMES #3

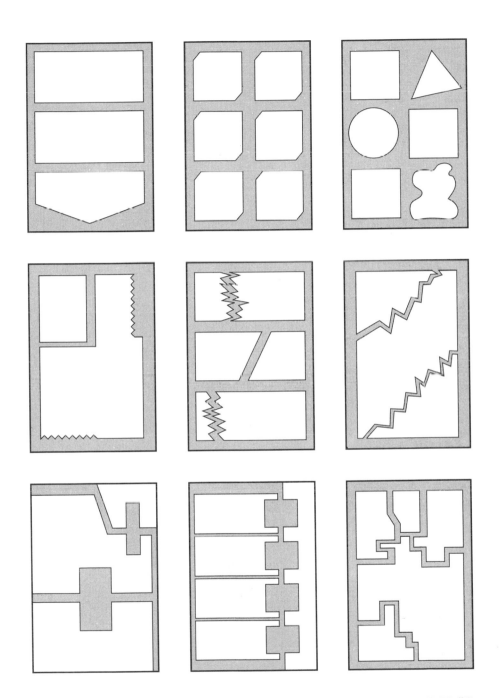

STRUCTURING SPACE

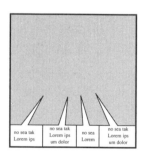

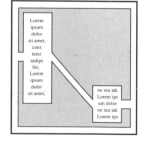

COMIC CAPTIONING SYSTEMS #1

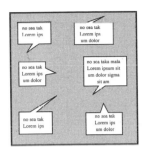
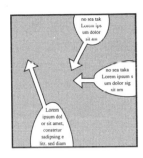

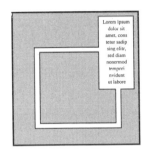

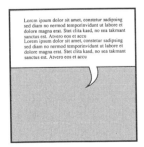

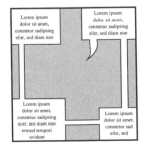

ORIENTING ON THE PAGE

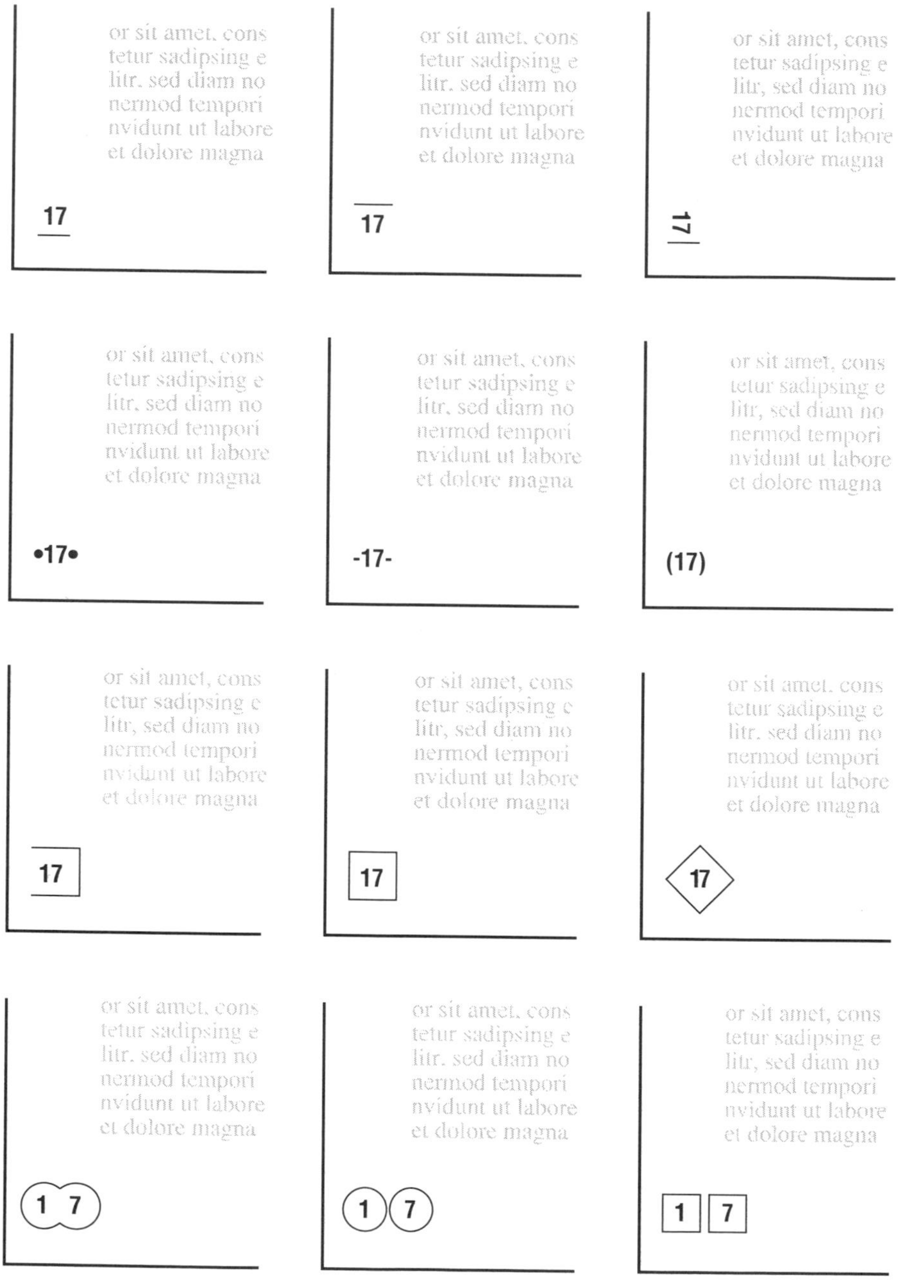

or sit amet, cons
tetur sadipsing e
litr. sed diam no
nermod tempori
nvidunt ut labore
et dolore magna

17

or sit amet, cons
tetur sadipsing e
litr. sed diam no
nermod tempori
nvidunt ut labore
et dolore magna

17

or sit amet, cons
tetur sadipsing e
litr, sed diam no
nermod tempori
nvidunt ut labore
et dolore magna

17|

or sit amet, cons
tetur sadipsing e
litr. sed diam no
nermod tempori
nvidunt ut labore
et dolore magna

•17•

or sit amet, cons
tetur sadipsing e
litr, sed diam no
nermod tempori
nvidunt ut labore
et dolore magna

-17-

or sit amet, cons
tetur sadipsing e
litr, sed diam no
nermod tempori
nvidunt ut labore
et dolore magna

(17)

or sit amet, cons
tetur sadipsing e
litr, sed diam no
nermod tempori
nvidunt ut labore
et dolore magna

17

or sit amet, cons
tetur sadipsing e
litr, sed diam no
nermod tempori
nvidunt ut labore
et dolore magna

17

or sit amet, cons
tetur sadipsing e
litr. sed diam no
nermod tempori
nvidunt ut labore
et dolore magna

◇17◇

or sit amet, cons
tetur sadipsing e
litr. sed diam no
nermod tempori
nvidunt ut labore
et dolore magna

1 7

or sit amet, cons
tetur sadipsing e
litr. sed diam no
nermod tempori
nvidunt ut labore
et dolore magna

1 7

or sit amet, cons
tetur sadipsing e
litr. sed diam no
nermod tempori
nvidunt ut labore
et dolore magna

1 7

FOLIOS #1

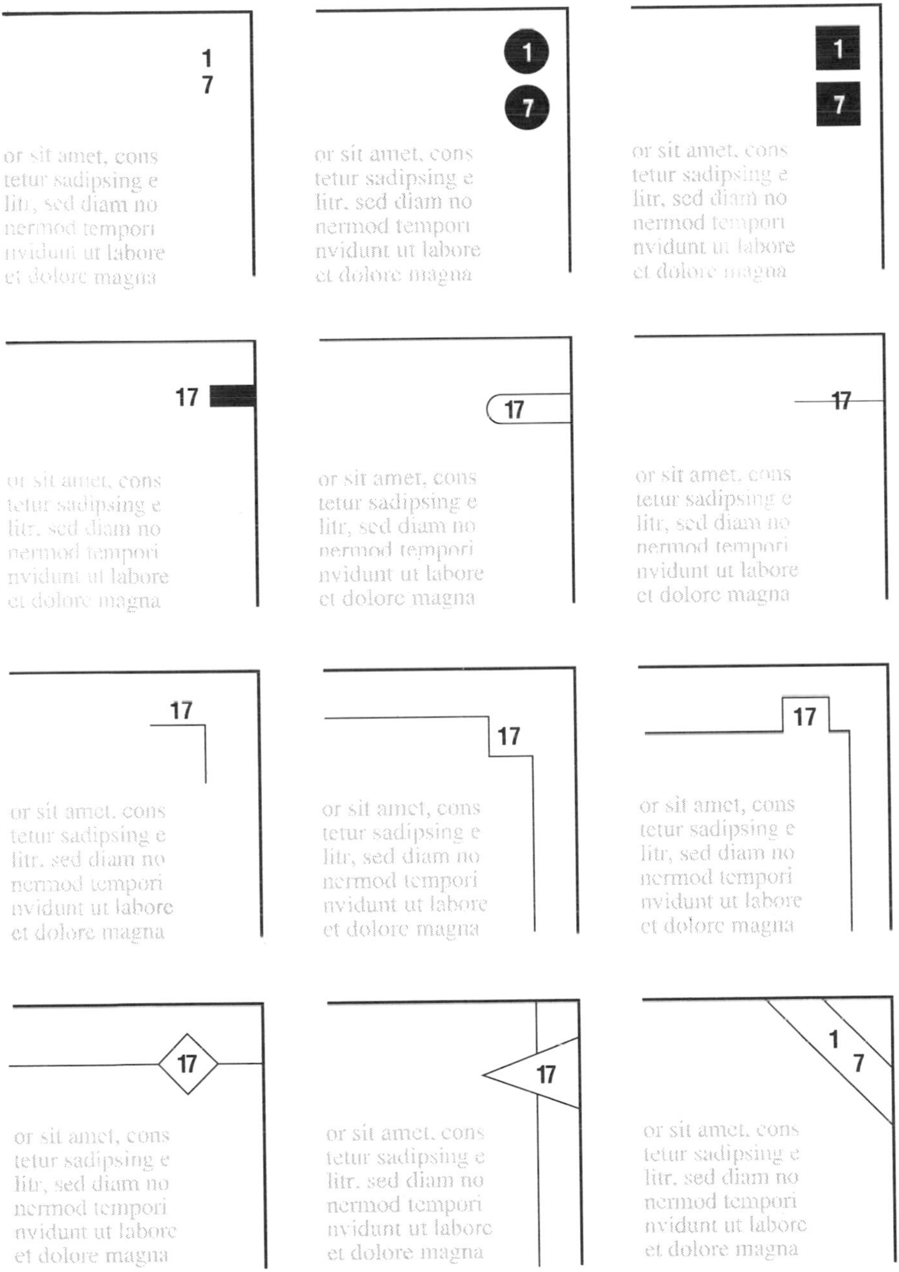
1
7
or sit amet, cons
tetur sadipsing e
litr, sed diam no
nermod tempori
nvidunt ut labore
et dolore magna
1
7
or sit amet, cons
tetur sadipsing e
litr, sed diam no
nermod tempori
nvidunt ut labore
et dolore magna
1
7
or sit amet, cons
tetur sadipsing e
litr, sed diam no
nermod tempori
nvidunt ut labore
et dolore magna
17
or sit amet, cons
tetur sadipsing e
litr, sed diam no
nermod tempori
nvidunt ut labore
et dolore magna
17
or sit amet, cons
tetur sadipsing e
litr, sed diam no
nermod tempori
nvidunt ut labore
et dolore magna
17
or sit amet, cons
tetur sadipsing e
litr, sed diam no
nermod tempori
nvidunt ut labore
et dolore magna
17
or sit amet, cons
tetur sadipsing e
litr, sed diam no
nermod tempori
nvidunt ut labore
et dolore magna
17
or sit amet, cons
tetur sadipsing e
litr, sed diam no
nermod tempori
nvidunt ut labore
et dolore magna
17
or sit amet, cons
tetur sadipsing e
litr, sed diam no
nermod tempori
nvidunt ut labore
et dolore magna
17
or sit amet, cons
tetur sadipsing e
litr, sed diam no
nermod tempori
nvidunt ut labore
et dolore magna
17
or sit amet, cons
tetur sadipsing e
litr, sed diam no
nermod tempori
nvidunt ut labore
et dolore magna
1
7
or sit amet, cons
tetur sadipsing e
litr, sed diam no
nermod tempori
nvidunt ut labore
et dolore magna

FOLIOS #2

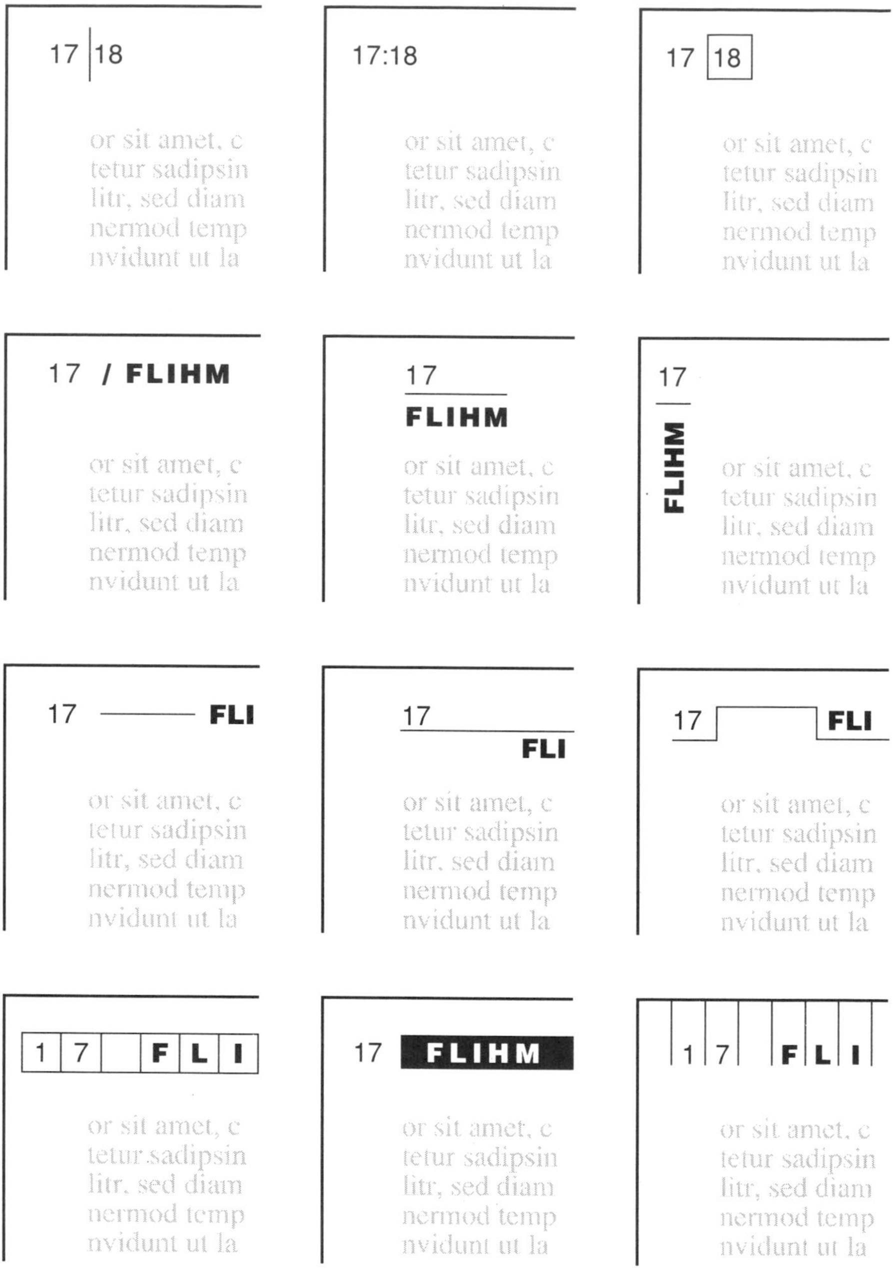

17 | 18

or sit amet, c
tetur sadipsin
litr, sed diam
nermod temp
nvidunt ut la

17:18

or sit amet, c
tetur sadipsin
litr, sed diam
nermod temp
nvidunt ut la

17 [18]

or sit amet, c
tetur sadipsin
litr, sed diam
nermod temp
nvidunt ut la

17 / FLIHM

or sit amet, c
tetur sadipsin
litr, sed diam
nermod temp
nvidunt ut la

17
FLIHM

or sit amet, c
tetur sadipsin
litr, sed diam
nermod temp
nvidunt ut la

17
FLIHM

or sit amet, c
tetur sadipsin
litr, sed diam
nermod temp
nvidunt ut la

17 ——— FLI

or sit amet, c
tetur sadipsin
litr, sed diam
nermod temp
nvidunt ut la

17
FLI

or sit amet, c
tetur sadipsin
litr, sed diam
nermod temp
nvidunt ut la

17 ⌐ FLI

or sit amet, c
tetur sadipsin
litr, sed diam
nermod temp
nvidunt ut la

1 7 F L I

or sit amet, c
tetur.sadipsin
litr, sed diam
nermod temp
nvidunt ut la

17 FLIHM

or sit amet, c
tetur sadipsin
litr, sed diam
nermod temp
nvidunt ut la

1 7 F L I

or sit amet, c
tetur sadipsin
litr, sed diam
nermod temp
nvidunt ut la

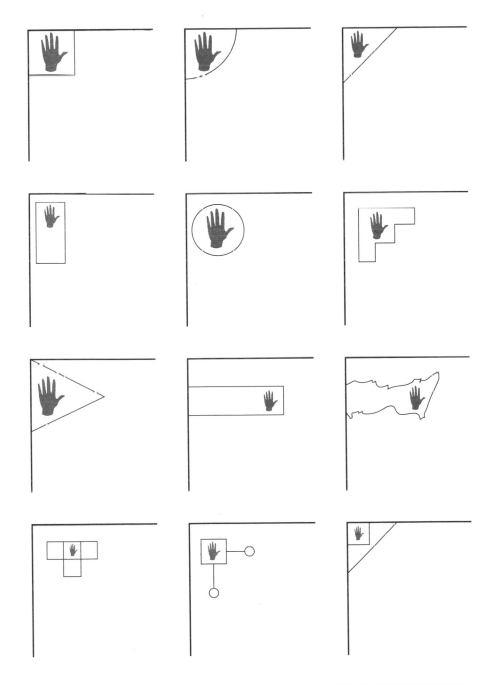

ORIENTING ON THE PAGE

VISUAL ENTRY POINTS #2

STUL

or sit amet, consteti — sadipsing e labore · litr, sed diam no ne — iod tempori sit ame nvidunt ut labore et — olore magna conste

or sit amet, consteti — sadipsing e labore · litr, sed diam no ne — iod tempori sit ame nvidunt ut labore et — olore magna conste

 STUL

or sit amet, consteti — sadipsing e labore · litr, sed diam no ne — iod tempori sit ame nvidunt ut labore et — olore magna conste

STUL

or sit amet, consteti — sadipsing e labore · litr, sed diam no ne — iod tempori sit ame nvidunt ut labore et — olore magna conste

S T U L

or sit amet, consteti — sadipsing e labore · litr, sed diam no ne — iod tempori sit ame nvidunt ut labore et — olore magna conste

or sit amet, consteti — sadipsing e labore · litr, sed diam no ne — iod tempori sit ame nvidunt ut labore et — olore magna conste

S T U L

or sit amet, consteti — sadipsing e labore · litr, sed diam no ne — iod tempori sit ame nvidunt ut labore et — olore magna conste

S T U L

or sit amet, consteti — sadipsing e labore · litr, sed diam no ne — iod tempori sit ame nvidunt ut labore et — olore magna conste

S T U L

or sit amet, consteti — sadipsing e labore · litr, sed diam no ne — iod tempori sit ame nvidunt ut labore et — olore magna conste

or sit amet, consteti — sadipsing e labore · litr, sed diam no ne — iod tempori sit ame nvidunt ut labore et — olore magna conste

STUL

or sit amet, consteti — sadipsing e labore · litr, sed diam no ne — iod tempori sit ame nvidunt ut labore et — olore magna conste

STUL

or sit amet, consteti — sadipsing e labore · litr, sed diam no ne — iod tempori sit ame nvidunt ut labore et — olore magna conste

KICKER DEVICES #1

ORIENTING ON THE PAGE

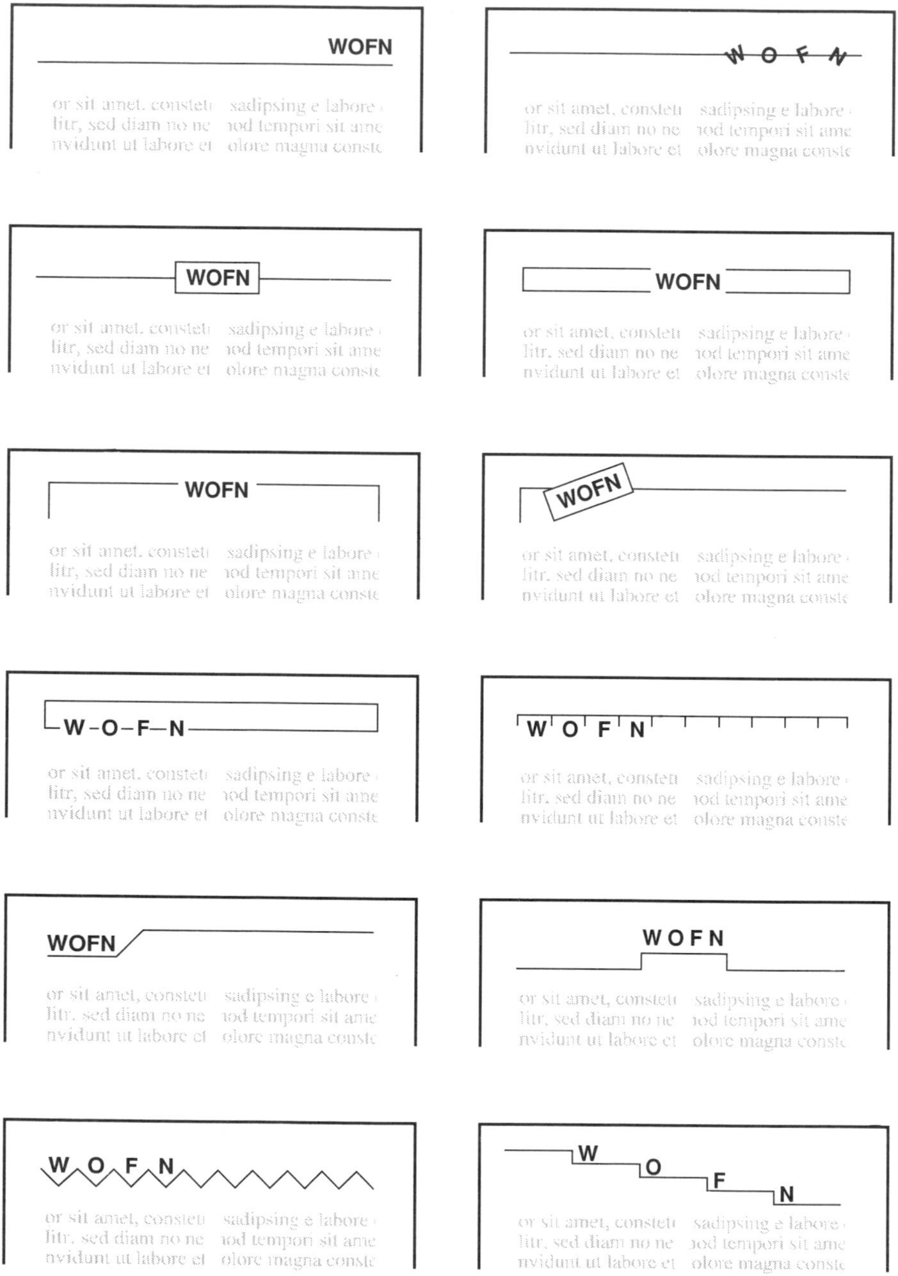

WOFN

or sit amet, constetu   sadipsing e labore
litr, sed diam no ne   iod tempori sit ame
nvidunt ut labore et   olore magna conste

WOFN

or sit amet, constetu   sadipsing e labore
litr, sed diam no ne   iod tempori sit ame
nvidunt ut labore et   olore magna conste

WOFN

or sit amet, constetu   sadipsing e labore
litr, sed diam no ne   iod tempori sit ame
nvidunt ut labore et   olore magna conste

WOFN

or sit amet, constetu   sadipsing e labore
litr, sed diam no ne   iod tempori sit ame
nvidunt ut labore et   olore magna conste

WOFN

or sit amet, constetu   sadipsing e labore
litr, sed diam no ne   iod tempori sit ame
nvidunt ut labore et   olore magna conste

WOFN

or sit amet, constetu   sadipsing e labore
litr, sed diam no ne   iod tempori sit ame
nvidunt ut labore et   olore magna conste

W-O-F-N

or sit amet, constetu   sadipsing e labore
litr, sed diam no ne   iod tempori sit ame
nvidunt ut labore et   olore magna conste

WOFN

or sit amet, constetu   sadipsing e labore
litr, sed diam no ne   iod tempori sit ame
nvidunt ut labore et   olore magna conste

WOFN

or sit amet, constetu   sadipsing e labore
litr, sed diam no ne   iod tempori sit ame
nvidunt ut labore et   olore magna conste

WOFN

or sit amet, constetu   sadipsing e labore
litr, sed diam no ne   iod tempori sit ame
nvidunt ut labore et   olore magna conste

WOFN

or sit amet, constetu   sadipsing e labore
litr, sed diam no ne   iod tempori sit ame
nvidunt ut labore et   olore magna conste

W   O   F   N

or sit amet, constetu   sadipsing e labore
litr, sed diam no ne   iod tempori sit ame
nvidunt ut labore et   olore magna conste

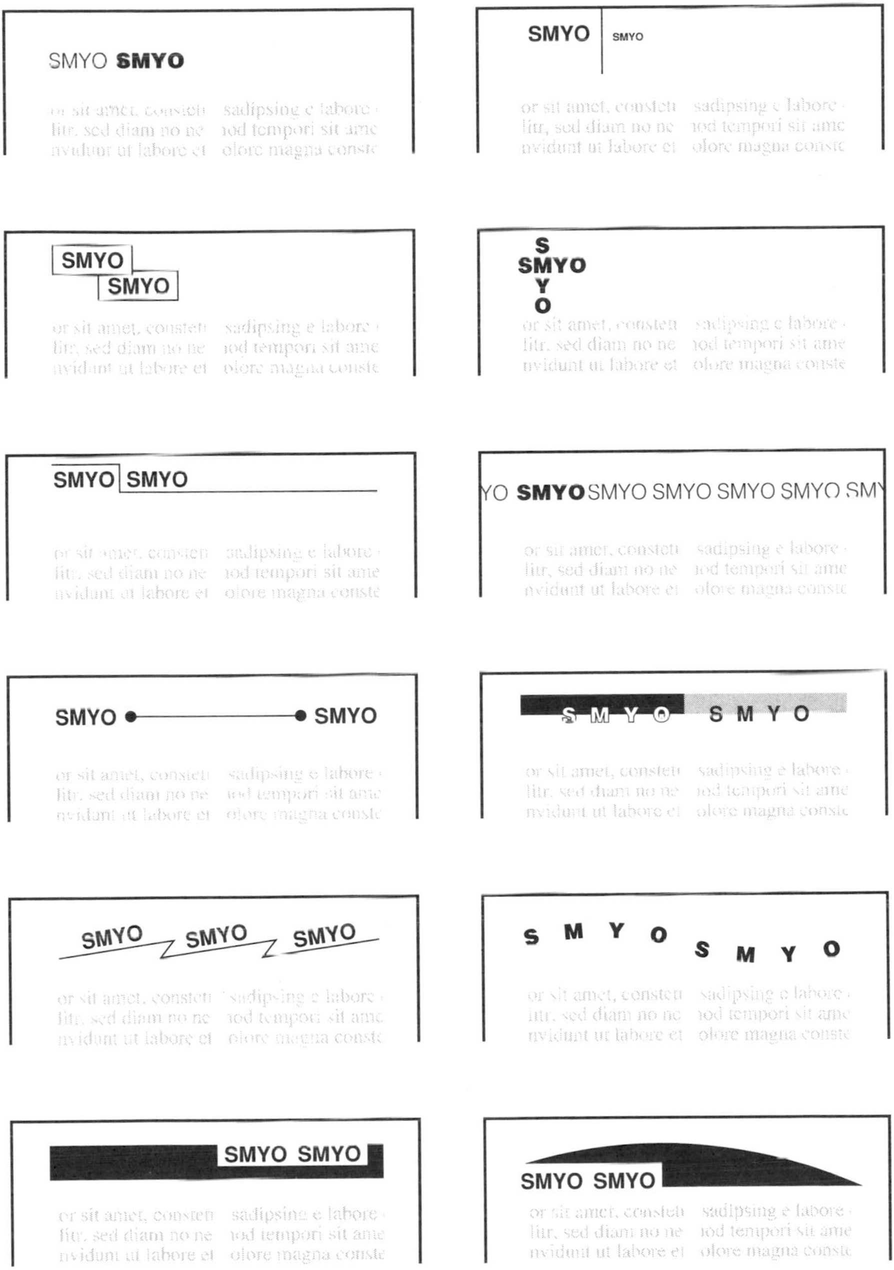

SMYO **SMYO**

SMYO | SMYO

SMYO
SMYO

S
SMYO
Y
O

SMYO | SMYO

YO **SMYO** SMYO SMYO SMYO SMYO SM

SMYO ●————● SMYO

S M Y O   S M Y O

SMYO SMYO SMYO

S M Y O   S M Y O

SMYO SMYO

SMYO SMYO

(Each panel contains placeholder body text:)
or sit amet, consteu sadipsing e labore
litr, sed diam no ne iod tempori sit ame
nvidunt ut labore et olore magna conste

ORIENTING ON THE PAGE

NO FT

or sit amet, consteti sadipsing e labore
litr, sed diam no ne nod tempori sit ame
nvidunt ut labore et olore magna conste

NO FT

or sit amet, consteti sadipsing e labore
litr, sed diam no ne nod tempori sit ame
nvidunt ut labore et olore magna conste

N O F T

or sit amet, consteti sadipsing e labore
litr, sed diam no ne nod tempori sit ame
nvidunt ut labore et olore magna conste

N O F T

or sit amet, consteti sadipsing e labore
litr, sed diam no ne nod tempori sit ame
nvidunt ut labore et olore magna conste

N O F T

or sit amet, consteti sadipsing e labore
litr, sed diam no ne nod tempori sit ame
nvidunt ut labore et olore magna conste

N O F T

or sit amet, consteti sadipsing e labore
litr, sed diam no ne nod tempori sit ame
nvidunt ut labore et olore magna conste

N O F T

or sit amet, consteti sadipsing e labore
litr, sed diam no ne nod tempori sit ame
nvidunt ut labore et olore magna conste

N O F T

or sit amet, consteti sadipsing e labore
litr, sed diam no ne nod tempori sit ame
nvidunt ut labore et olore magna conste

N O F T

or sit amet, consteti sadipsing e labore
litr, sed diam no ne nod tempori sit ame
nvidunt ut labore et olore magna conste

N O F T

or sit amet, consteti sadipsing e labore
litr, sed diam no ne nod tempori sit ame
nvidunt ut labore et olore magna conste

N O F T

or sit amet, consteti sadipsing e labore
litr, sed diam no ne nod tempori sit ame
nvidunt ut labore et olore magna conste

N O F T

or sit amet, consteti sadipsing e labore
litr, sed diam no ne nod tempori sit ame
nvidunt ut labore et olore magna conste

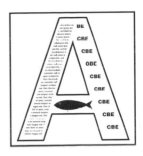

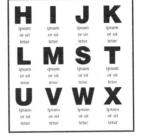

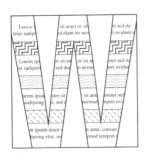

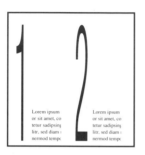

1. Lorem ipsum dolor sit amet, constetur sadi
2. Mosto puto les frictum mas pumpa
3. Gina stanka no deter fua weica
4. Iva noica monte gyro buba nola
5. Danum indiv polenta pura stogno puta
6. Delirium sin vidi bresto caro molo
7. Solo cupa parta mano cum presto
8. Lorem ipsum dolor sit amet, constetur sadi

ORIENTING ON PAGE WITH NUMBERS

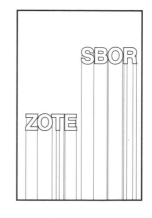

TWO WORDS IN RELATIONSHIP TO ONE ANOTHER

MULTIPLE WORDS IN RELATIONSHIP TO ONE ANOTHER #1

ZOTE
SBORTHED
SNEGZOTESB
ORTHEDSNEGZ
OTESBORTHED
SNEGZOTESB
ORTHEDSN
EGZO

ZOTESBORSNEG
THEDSBORZOTE
SNEGSB
ORTHED
ZOTESB
ORTHED
SBORSN
EGZOTE
THEDZO
TESBOR
SNEGTH
EDSBORSNEGZO
TETHEDSBORSN

MULTIPLE WORDS IN RELATIONSHIP TO ONE ANOTHER #2

TEXT
SYSTEMS

Lorem ipsum dolor sit amet, consetetur sadipscing elitr, sed diam nonumy eirmod tempor invidunt ut labore et dolore magna aliquyam erat, sed diam voluptua. At vero eos et accusam et justo duo dolores et ea rebum. Stet clita kasd gubergren, no sea takimata sanctus est. Lorem ipsum dolor sit amet, consetetur sadipscing elitr, sed diam nonumy eirmod tempor invidunt ut labore et dolore magna aliquyam erat, sed diam voluptua. At vero eos et accusam et justo duo dolores et ea rebum. Stet clita kasd gubergren, no sea takimata sanctus est. Lorem ipsum dolor sit amet, consetetur sadipscing elitr, sed diam nonumy eirmod tempor invidunt ut labore et dolore magna aliquyam erat, sed diam voluptua. At vero eos et accusam et justo duo dolores et ea rebum. Stet clita kasd

Lorem ipsum dolor sit amet, consetetur sadipscing elitr, sed diam nonumy eirmod tempor invidunt ut labore et dolore magna aliquyam erat, sed diam voluptua. At vero eos et accusam et justo duo dolores et ea rebum. Stet clita kasd gubergren, no sea takimata sanctus est. Lorem ipsum dolor sit amet, consetetur sadipscing elitr, sed diam nonumy eirmod tempor invidunt ut labore et dolore magna aliquyam erat, sed diam voluptua. At vero eos et accusam et justo duo dolores et ea rebum. Stet clita kasd gubergren, no sea takimata sanctus est. Lorem ipsum dolor sit amet, consetetur sadipscing elitr, sed diam nonumy eirmod tempor invidunt ut labore et dolore magna aliquyam erat, sed diam voluptua. At vero eos et accusam et justo duo dolores et ea rebum. Stet clita kasd

Lorem ipsum dolor sit amet, consetetur sadipscing elitr, sed diam nonumy eirmod tempor invidunt ut labore et dolore magna aliquyam erat, sed diam voluptua. At vero eos et accusam et justo duo dolores et ea rebum. Stet clita kasd gubergren, no sea takimata sanctus est. Lorem ipsum dolor sit amet, consetetur sadipscing elitr, sed diam nonumy eirmod tempor invidunt ut labore et dolore magna aliquyam erat, sed diam voluptua. At vero eos et accusam et justo duo dolores et ea rebum. Stet clita kasd gubergren, no sea takimata sanctus est. Lorem ipsum dolor sit amet, consetetur sadipscing elitr, sed diam nonumy eirmod tempor invidunt ut labore et dolore magna aliquyam erat, sed diam voluptua. At vero eos et accusam et justo duo dolores et ea rebum. Stet clita kasd

Lorem ipsum dolor sit amet, consetetur sadipscing elitr, sed diam nonumy eirmod tempor invidunt ut labore et dolore magna aliquyam erat, sed diam voluptua. At vero eos et accusam et justo duo dolores et ea rebum. Stet clita kasd gubergren, no sea takimata sanctus est. Lorem ipsum dolor sit amet, consetetur sadipscing elitr, sed diam nonumy eirmod tempor invidunt ut labore et dolore magna aliquyam erat, sed diam voluptua. At vero eos et accusam et justo duo dolores et ea rebum. Stet clita kasd gubergren, no sea takimata sanctus est. Lorem ipsum dolor sit amet

Lorem ipsum dolor sit amet, consetetur sadipscing elitr, sed diam nonumy eirmod tempor invidunt ut labore et dolore magna aliquyam erat, sed diam voluptua. At vero eos et accusam et justo duo dolores et ea rebum. Stet clita kasd gubergren, no sea takimata sanctus est. Lorem ipsum dolor sit amet, consetetur sadipscing

Lorem ipsum dolor sit amet, consetetur sadipscing elitr, sed diam nonumy eirmod tempor invidunt ut labore et dolore magna aliquyam erat, sed diam voluptua. At vero eos et accusam et justo duo dolores et ea rebum. Stet clita kasd gubergren, no sea takimata sanctus est. Lorem ipsum dolor sit amet, consetetur sadipscing elitr, sed diam nonumy eirmod tempor invidunt ut labore et dolore magna aliquyam erat, sed diam voluptua. At vero eos et accusam et justo duo dolores et ea rebum. Stet clita kasd gubergren, no sea takimata sanctus est.

Lorem ipsum dolor sit amet, consetetur sadipscing elitr, sed diam nonumy eirmod tempor invidunt ut labore et dolore magna aliquyam erat, sed diam voluptua. At vero eos et accusam et justo duo dolores et ea rebum. Stet clita kasd gubergren, no sea takimata sanctus est. Lorem ipsum dolor sit amet, consetetur sadipscing elitr, sed diam nonumy eirmod tempor invidunt ut labore et dolore magna aliquyam erat, sed diam voluptua. At vero eos et accusam et justo duo dolores et ea rebum. Stet clita kasd gubergren, no sea takimata sanctus est.

Lorem ipsum dolor sit amet, consetetur sadipscing elitr, sed diam nonumy eirmod tempor invidunt ut labore et dolore magna aliquyam erat, sed diam voluptua. At vero eos et accusam et justo duo dolores et ea rebum. Stet clita kasd gubergren, no sea takimata sanctus est. Lorem ipsum dolor sit amet, consetetur sadipscing elitr, sed diam nonumy eirmod tempor invidunt ut labore et dolore magna aliquyam erat, sed diam voluptua. At vero eos et accusam et justo duo dolores et ea rebum. Stet

ONE COLUMN REGULAR TEXT BLOCKS

Lorem ipsum dolor sit amet, consetetur sadipscing elitr, sed diam nonumy eirmod tempor invidunt ut labore et dolore magna aliquyam erat, sed diam voluptua. At vero eos et accusam et justo duo dolores et ea rebum. Stet clita kasd gubergren, no sea takimata sanctus est. Lorem ipsum dolor sit amet, consetetur sadipscing elitr, sed diam nonumy eirmod tempor invidunt ut labore et dolore magna aliquyam erat, sed diam voluptua. At vero eos et accusam et justo duo dolores et ea rebum. Stet clita kasd gubergren, no sea takimata sanctus est.

Magan cu laude sadipscing elitr, sed diam nonumy eirmod tempor invidunt ut labore et dolore magna aliquyam erat, sed diam voluptua. At vero eos et accusam et justo duo dolores et ea rebum. Stet clita kasd gubergren, no sea takimata sanctus est. Lorem ipsum dolor sit amet, consetetur sadipscing elitr, sed diam nonumy eirmod tempor invidunt ut labore et dolore magna aliquyam erat, sed diam voluptua. At vero eos et accusam et justo duo dolores et ea rebum. Stet clita kasd gubergren, no sea takimata sanctus est. Lorem ipsum dolor sit

Lorem ipsum dolor sit amet, consetetur sadipscing elitr, sed diam nonumy eirmod tempor invidunt ut labore et dolore magna aliquyam erat, sed diam voluptua. At vero eos et accusam et justo duo dolores et ea rebum. Stet clita kasd gubergren, no sea takimata sanctus est. Lorem ipsum dolor sit amet, consetetur sadipscing elitr, sed diam nonumy eirmod tempor invidunt ut labore et dolore magna aliquyam erat, sed diam voluptua. At vero eos et accusam et

justo duo dolores et ea rebum. Stet clita kasd gubergren, no sea takimata sanctus est. Lorem ipsum dolor sit amet, consetetur sadipscing elitr, sed diam nonumy eirmod tempor invidunt ut labore et dolore magna aliquyam erat, sed diam voluptua. At vero eos et accusam et justo duo dolores et ea rebum. Stet clita kasd gubergren, no sea takimata sanctus est. Lorem ipsum dolor sit amet, consetetur sadipscing elitr, sed diam nonumy eirmod tempor invidunt

Lorem ipsum dolor sit amet, consetetur sadipscing elitr, sed diam nonumy eirmod tempor invidunt ut labore et dolore magna aliquyam erat, sed diam voluptua. At vero eos et accusam et justo duo dolores et ea rebum. Stet clita kasd gubergren, no sea takimata sanctus est. Lorem ipsum dolor sit amet, consetetur sadipscing elitr, sed diam nonumy eirmod tempor invidunt ut labore et dolore magna aliquyam erat, sed diam voluptua. At vero eos et accusam et justo duo dolores et ea rebum. Stet clita kasd gubergren, no sea takimata sanctus est. Lorem ipsum dolor sit amet, consetetur sadipscing elitr, sed diam nonumy eirmod tempor invidunt

invidunt ut labore et dolore magna aliquyam erat, sed diam voluptua. At vero eos et accusam et justo duo dolores et ea rebum. Stet clita kasd gubergren, no sea takimata sanctus est. Lorem ipsum dolor sit

Lorem ipsum dolor sit amet, consetetur sadipscing elitr, sed diam nonumy eirmod tempor invidunt ut labore et dolore magna aliquyam erat, sed diam voluptua.

At vero eos et accusam et justo duo dolores et ea rebum. Stet clita kasd gubergren, no sea takimata sanctus est. Lorem ipsum dolor sit amet, consetetur sadip-

Sed diam nonumy eirmod tempor invidunt ut labore et dolore magna aliquyam erat, sed diam voluptua. At vero eos et accusam et justo duo dolores et ea rebum.

Stet clita kasd gubergren, no sea takimata sanctus est. Lorem ipsum dolor sit amet, consetetur sadipscing elitr, sed diam nonumy eirmod tempor invidunt

Lorem ipsum dolor sit amet, consetetur sadipscing elitr, sed diam nonumy eirmod tempor invidunt ut labore et dolore magna aliquyam erat, sed diam voluptua. At vero eos et accusam

et justo duo dolores et ea rebum. Stet clita kasd gubergren, no sea takimata sanctus est. Lorem ipsum dolor sit amet, consetetur sadipscing elitr, sed diam nonumy eirmod tempor

Lorem ipsum dolor sit amet, consetetur sadipscing elitr, sed diam nonumy eirmod tempor invidunt ut labore et dolore magna aliquyam erat, sed diam voluptua.

At vero eos et accusam et justo duo dolores et ea rebum. Stet clita kasd gubergren, no sea takimata sanctus est. Lorem ipsum dolor sit amet, consetetur sadip-

Lorem ipsum dolor sit amet, consetetur sadipscing elitr, sed diam nonumy eirmod tempor invidunt ut labore et

dolore magna aliquyam erat, sed diam voluptua. At vero eos et accusam et justo duo dolores et ea rebum. Stet clita kasd gubergren, no sea

takimata sanctus est. Lorem ipsum dolor sit amet, consetetur sadipscing elitr, sed diam nonumy eirmod tempor

invidunt ut labore et dolore magna aliquyam erat, sed diam voluptua. At vero eos et accusam et justo duo dolores et ea rebum. Stet clita

kasd gubergren, no sea takimata sanctus est. Lorem ipsum dolor sit amet, consetetur sadipscing elitr, sed diam nonumy eirmod tempor

Lorem ipsum dolor sit amet, consetetur sadipscing elitr, sed diam nonumy eirmod tempor invidunt ut labore et dolore magna aliquyam erat, sed diam voluptua.

At vero eos et accusam et justo duo dolores et ea rebum. Stet clita kasd gubergren, no sea takimata sanctus est. Lorem ipsum dolor sit amet, consetetur sadipscing elitr, sed diam nonumy eirmod tempor invidunt ut labore et dolore magna aliquyam erat, sed diam voluptua. At vero eos et accusam et justo duo dolores et ea rebum. Stet clita kasd gubergren, no sea takimata sanctus est. Lorem ipsum dolor sit amet, consetetur sadipscing elitr, sed diam nonumy eirmod tempor invidunt ut labore et dolore magna aliquyam erat, sed diam voluptua. At vero eos et accusam et justo duo dolores et ea rebum. Stet clita kasd gubergren, no sea

Lorem ipsum dolor sit amet, consetetur sadipscing elitr, sed diam nonumy eirmod tempor invidunt ut labore et dolore magna aliquyam erat, sed diam voluptua. At vero eos et accusam et justo duo dolores et ea rebum. Stet clita kasd gubergren, no sea

takimata sanctus est. Lorem ipsum dolor sit amet, consetetur sadipscing elitr, sed diam nonumy eirmod tempor invidunt ut labore et dolore magna aliquyam erat, sed diam voluptua. At vero eos et accusam et justo duo dolores et ea rebum. Stet clita kasd gubergren, no sea

ea rebum. Stet clita kasd gubergren, no sea takimata sanctus est. Lorem ipsum dolor sit amet, consetetur sadipscing elitr, sed diam nonumy eirmod tempor invidunt ut labore et dolore magna aliquyam erat, sed diam voluptua. At vero eos et accusam et justo duo dolores et ea rebum. Stet clita kasd gubergren, no sea takimata sanctus est. Lorem ipsum dolor sit amet, consetetur sadipscing elitr, sed diam nonumy eirmod tempor invidunt ut labore et dolore magna aliquyam erat, sed diam voluptua. At vero eos et accusam et justo duo dolores et ea rebum. Stet clita kasd gubergren, no sea takimata sanctus est. Lorem ipsum dolor sit consetetur sadipscing elitr, sed diam nonumy Lorem Ipsum magna cum lau eirmod tempor invidunt ut lab-ore et dolore magna aliquyam erat, sed diam voluptua. At vero eos et lklko

Lorem ipsum dolor sit amet, consetetur sadipscing elitr, sed diam nonumy eirmod tempor invidunt ut lab-ore et dolore magna aliquyam erat, sed diam voluptua. At ve-roghj eos jhget accusam et justo duo dolores et ea rebum. Stet amen vivit haec

Consetetur sadipscing elitr, sed diam nonumy eirmod tempor invidunt et dolore magna aliquyam erat, sed diam voluptua. At ve-o eos et accusam et justo duo dol ores et ea rebum. Stet clita kasd gubergren, no gjsea tgjaki-ma Lorem ipsum do lor sit amet, consenonumy eirmod gren, no sea takimapro vincit lorem ipsum do lor sit amet, omnia selentes pasqual balarno-rum zip lorem

Lorem ipsum dolor sit amet, consetetur sad ipscing elitr, sed diam nonumy eirmod tempor invidunt ut lab-ore et dolore magna aliquyam erat, sed diam voluptua. At ve-o eos et accusam et justo duo dol res et ea rebum. Stet clita kasd gubergren, no sea taki-maLo-rem ipsum dolor sit amet, con senonumy eir-mod gren, no sea takimapro vincit omnia selentes pasqual balarnorum zip.Lorem

ipsum dolor sit amet, consetetur sadipscing elitr, sed diam non-umy eirmod te-igmpor invidunt ut lab-ore et dolore magna aliquyam erat, sed diam volup-tua. At veo eos et accusam et justo duo do-loresj jet gea rebum. Stet clita kasd gubergren, no sea taki maLorem ipsum

dolor sit amet, consenonumy eirmod gren, no sea takimapro vincit omnia selentes pasqual balarnorum zip.Lorem ipsum dolor sit

Lorem ipsum dolor sit amet, consetetur sad ipscing elitr, sed diam nonumy eirmod tempor invidunt ut lab-ore et dolore

magna aliquyam erat, sed diam voluptua. At ve-o eos et accusam et justokj.kj duo dolores et ea rebum. Stet clita kasd gubergren, no sea taki-math

Lorem ipsum dolor sit amet, consenonumy eirmod gren, no sea takimapro vincit omnia selentes pasqual balarnorum

---

Lorem ipsum dolor sit amet, consetetur sad ipscing elitr, sed diam nonumy

eirmod tempor invidunt ut lab-ore et dolore magna aliquyam erat, sed diam

voluptua. At ve-o eos et accusam et justo duo dolores et ea rebum. Stet clita

kasd gubergren, no sea taki-maLorem ipsum dolor sit amet, consenonumy

eirmod gren, no sea takimapro vincit omnia selentes pasqual balarnorum

zip.Lorem ipsum dolor sit amet, consetetur sadipscing elitr, sed diam non-

umy eirmod tempor invidunt ut lab-ore et dolore magna aliquyam erat,

sed diam volup-tua. At ve-o eos et accusam et justolkio duo dolores et ea

rebum. Stet clita kasd gubergren, no sea taki-maLorem dolor sit amet,

consenonumy eirmod gren, no sea takimapro vincit omnia selentes pasqual

balarnorum zip.Lorem ipsum dolor sit amet, consetetur sadipscing elitr,

sed diam non-umy jheirmod tempor invidunt ut lab-ore et dolore magna

---

Lorem ipsum dolor sit amet, consetetur sadi pscing elitr, sed

Lorem ipsum dolor sit amet, consetetur sadi pscing elitr, sed

Lorem ipsum dolor sit amet, consetetur sadi pscing elitr, sed

diam nonumy geeirmod tem-por invidunt ut lab-ore et dolore

magna aliquyam erat, sed diam voluptua. At veromoi eos et

diam nonumyge eirmod tempor invidunt ut lab-ore et dolore

magna aliquyam erat, sed diam voluptua. At ve-ro eos et Lorem

diam nonumyge eirmod tempor invidunt ut lab-ore et etta dolore

magna aliquyam erat, sed diam voluptua. At ver lomoo ethos et

---

Dolor sit amet, consetetur sad ipscing elitr, sed diam nonumy eirmod tempor invidunt Lorem ipsum etut lab-ore et dolore magna aliquyam erat, sed diam voluptua. At vero eos hurrah

Lorem ipsum dolor sit amet, consetetur sadip-scing elitr, sed diam nonumy eirmod tempor invidunt ut lab-ore et dolore magna aliquyam erat, sed diam voluptua. At ve-

ro eos et accusam et justo duo dolores et ea rebum. Stet ta-men vivit hae-cLorem ipsum dolor sit amet, consetetur sadip-scing elitr, sed diam nonumy eirmod tempor

---

Lorem ipsum dolor sit amet, consetetur sadi pscing elitr, sed diam nonumy eirmod tempor

rebum.ghjj ta erjgStet tam-en tofvivit haeLo-rem ipsum dolor sit amet, con setetur sadipsc-

em ipsum dolor sit amet, con-setetur sadipsc-ing elitr, sed diam nonumy eirmod tempor invidunt ut lab-ore et dolore magna aliquyam erat, sed diam voluptua. At ve-ro hjheos jhget accusam et justo duo dolores et ea

ing elitr, sed diam nonumy eirmod tempor invidunt ut lab-ore et dolore magna aliquyam

invidunt ut lab-ore et dolore magna aliquyam erat, sed diam voluptua. At ve-ro eos etLor-

---

Lorem ipsum dolor sit amet, consetetur sadi pscing elitr, sed diam nonumy eirmod tempor invidunt ut lab-ore et dolore magna aliquyam erat, sed diam voluptua. At vero eos etLor-em ipsum dolor sit amet, con-setetur sadipsc-ing elitr, sed diam nonumy eirmod tempor invidunt ut lab-ore et dolore magna aliquyam erat, sed diam voluptua. At ve-ro ethereos et accusam et justo duo dolores et

ea rebum. gf Stet tam-en gfsvivit haeLo-rem ipsum dolor sit amet, consetetur sadipscing elitr, sed diam non-umyama eimod tempor invidunt

kasd gubergren, no sea taki-maLorem ipsum dolor sit amet, consenonumy eirmod gren, no sea takimapro vincitos omnia selentes pasqual balarnorum zip.Lorem ipsum dolor sit amet, consetetur sadipscing elitr, sed diam non-umyama eimod tempor invidunt ut lab-ore et dolore magna aliquyam erat, sed diam volup-tua. At vero eos et accusam et justoohuif duo dolores et ea rebum. Stet clita

---

Lorem ipsum dolor sit amet, consetetur sadi pscing elitr, sed diam nonumy eirmod tempor invidunt ut lab-ore et dolore magna aliquyam erat, sed diam voluptua. At ve-ro eos etLor-em ipsum dolor sit amet, con-setetur sadipsc-ing elitr, sed diam nonumy eirmod tempor invidunt ut lab-ore et dolore magna aliquyam erat, sed diam voluptua. At ve-ro ethereos et accusam et justo duo dolores et

ea rebum. gf Stet tam-en gfsvivit haeLo-rem ipsum dolor sit amet, consetetur sadipscing elitr, sed diam non-umyama eimod tempor invidunt ut lab-ore et dolore magna aliquyam erat, sed diam volup-tua. At ve-o eos

et accusam et justoohuif duo dolores et ea rebum. Stet clita kasd gubergren, no sea taki-maLorem ipsum dolor sit amet, consenonumy eirmod gren, no sea takimapro vincit omnia selentes pasqual balarnorum zip.Lorem ipsum dolor sit amet, consetetur sadipscing elitr, sed diam non-umyama eimod tempor invidunt ut lab-ore et dolore magna aliquyam erat, sed diam volup-tua. At vero eos

---

THREE COLUMN REGULAR TEXT BLOCKS

Lorem ipsum dolor sit amet, consetetur sadipscing elitr, sed diam nonumy eirmod tempor invidunt ut labore et dolore magna aliquyam erat, sed diam voluptua. At vero eos et ac

cusam et justo duo dolores et ea rebum. Stet clita kasd gubergren, no sea takimata sanctus est. Lorem ipsum dolor sit amet, consetetur sadipscing elitr, sed diam nonumy eirmod

tempor invidunt ut labore et dolore magna aliquyam erat, sed diam voluptua. At vero eos et accusam et justo duo dolores et ea rebum. Stet clita kasd gubergren, no sea takimata

sanctus est. Lorem ipsum dolor sit amet, consetetur sadipscing elitr, sed diam nonumy eirmod tempor invidunt ut labore et dolore magna aliquyam erat, sed diam voluptua. At

vero eos et accusam et justo duo dolores et ea rebum. Stet clita kasd gubergren, no sea takimata sanctus est. Lorem ipsum dolor sit amet, consetetur sadipscing elitr, sed diam

---

Lorem ipsum dolor sit amet, consetetur sadipscing elitr, sed diam nonumy eirmod tempor invidunt ut labore et dolore magna aliquyam erat, sed diam voluptua. At vero eos et accusam et justo duo dolores et ea rebum. Stet clita kasd gubergren, no sea takimata sanctus est. Lorem ipsum dolor sit amet, consetetur sadipscing elitr, sed diam nonumy eirmod tempor invidunt ut labore et dolore magna aliquyam erat, sed diam voluptua. At vero eos et accusam et justo duo dolores et ea rebum. Stet clita kasd gubergren, no sea takimata sanctus est. Lorem ipsum dolor sit amet, consetetur sadipscing elitr, sed diam nonumy eirmod tempor invidunt ut labore et dolore magna aliquyam erat, sed diam voluptua. At vero eos et accusam et justo duo dolores et ea rebum. Stet clita kasd gubergren, no sea takimata sanctus est. Lorem ipsum dolor sit amet, consetetur sadipscing elitr, sed diam nonumy eirmod tempor invidunt ut labore et dolore magna aliquyam erat,

---

Lorem ipsum dolor sit amet, consetetur sadipscing elitr, sed diam nonumy eirmod tempor invidunt ut labore et dolore magna aliquyam erat, sed diam voluptua. At vero eos et accusam et justo duo dolores et ea rebum. Stet clita kasd gubergren, no sea takimata sanctus est. Lorem ipsum dolor sit amet, consetetur sadipscing elitr, sed diam nonumy eirmod tempor invidunt ut labore et dolore magna aliquyam erat, sed diam voluptua. At vero eos et accusam et justo duo dolores et ea rebum. Stet clita kasd gubergren, no sea takimata sanctus est. Lorem ipsum dolor sit amet, consetetur sadipscing elitr, sed diam nonumy eirmod tempor invidunt ut labore et dolore magna aliquyam erat, sed diam voluptua. At vero eos et accusam et justo duo dolores et ea rebum. Stet clita kasd gu Lorem ipsum dolor sit amet, consetetur sadipscing elitr, sed diam nonumy eirmod tempor invidunt ut labore et dolore magna aliquyam erat, sed di

Voluptua at vero eos et ac

Lorem ipsum dolor sit amet

Gorbi staker funte sulimin

Lari moe en qurli wub nyuk

Hortin gomaya restank duli

Iko iko ande jokamo fini

Jurko gulgan remily suom

Silil borge ruton stuter juk

Borbe tokin hasde verix

Comin nulmo thinmo jimi

Vigi smili donat dushie soin

Hoki doki mees terfini

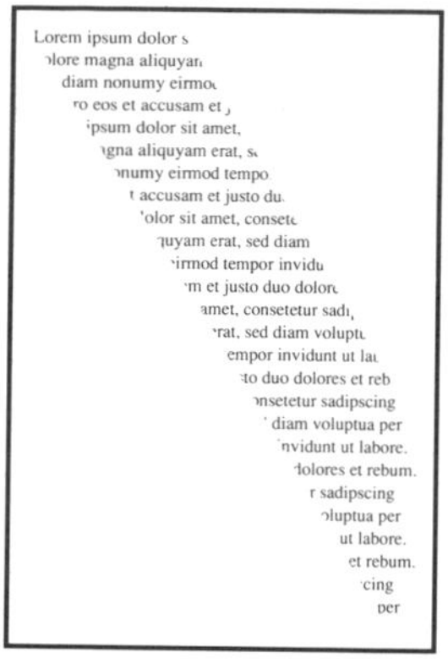

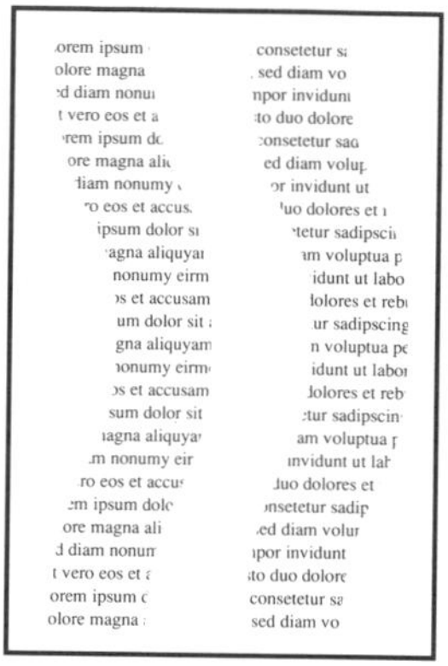

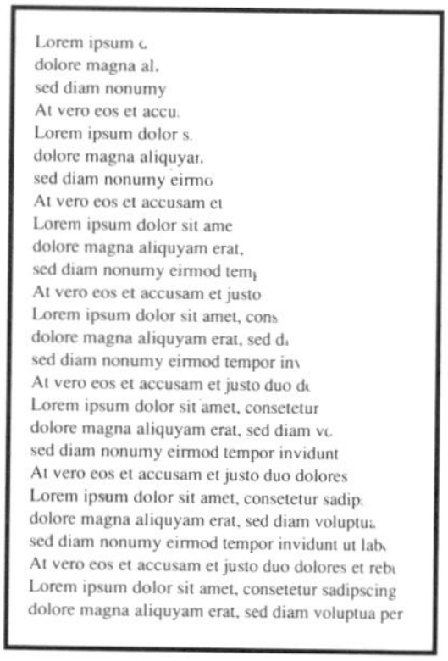

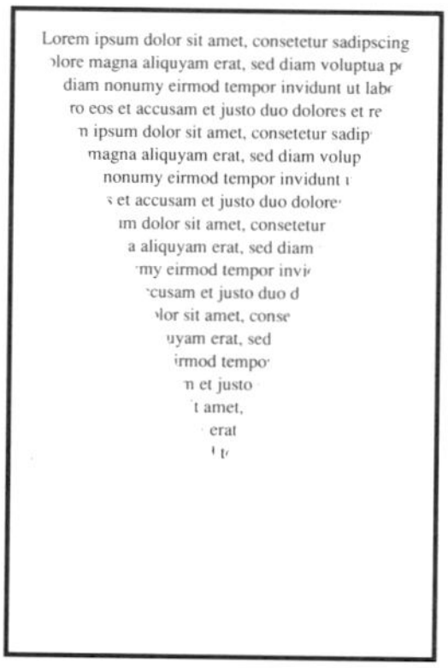

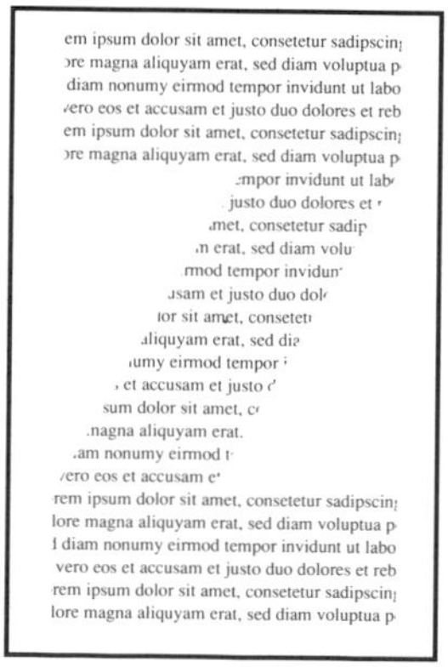

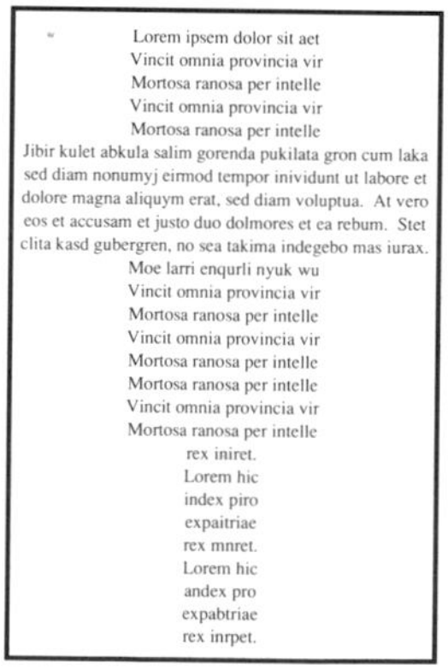

Lorem ipsum dolor s
olore magna aliquyam
diam nonumy eirmo.
ro eos et accusam et ,
ipsum dolor sit amet,
igna aliquyam erat, s.
nonumy eirmod tempo
t accusam et justo du
olor sit amet, consete
uyam erat, sed diam
irmod tempor invidu
m et justo duo dolore
amet, consetetur sadi,
rat, sed diam volupt.
empor invidunt ut lat
to duo dolores et reb
nsetetur sadipscing
diam voluptua per
nvidunt ut labore.
lolores et rebum.
r sadipscing
oluptua per
ut labore.
et rebum.
cing
per

Lorem ipsum te
Omnes gallia di
Vincit hiberniae
Lorem ipsum te
Pie iesu domine
Omnes gallia di
Lorem ipsum te
Vincit hiberniae
Pie iesu domine
Forto yirs akoil   Omnes gallia di
Omnes gallia di   Vincit hiberniae
Vincit hiberniae   Lorem ipsum te
Lorem ipsum te   Omnes gallia di
Pie iesu domine   Vincit hiberniae
Omnes gallia di   Pie iesu domine
Lorem ipsum te
Vincit hiberniae
Pie iesu domine
Omnes gallia di
Vincit hiberniae
Lorem ipsum te
Omnes gallia di
Lorem ipsum te
Vincit hiberniae
Pie iesu domine

orem ipsum   consetetur s.
olore magna   , sed diam vo
d diam nonu   npor invidum
t vero eos et a   to duo dolore
rem ipsum dc   consetetur sao
ore magna ali   ed diam volup
tiam nonumy .   or invidunt ut
ro eos et accus   uo dolores et
ipsum dolor s   im voluptua p
agna aliquya   idunt ut labo
nonumy eirm   lolores et reb
is et accusam   ur sadipscing
gna aliquyam   n voluptua pc
nonumy eirm   lolores et reb
os et accusam   tur sadipscin
sum dolor sit   am voluptua p
agna aliquyar   invidunt ut lab
m nonumy eir   uo dolores et
ro eos et accu   nsetetur sadip
em ipsum dole   ed diam volur
ore magna ali   npor invidunt
d diam nonum   to duo dolore
t vero eos et   consetetur s.
orem ipsum c   sed diam vo
olore magna

Lorem ipsum c.
dolore magna al.
sed diam nonumy
At vero eos et accu.
Lorem ipsum dolor s.
dolore magna aliquyar.
sed diam nonumy eirmo
At vero eos et accusam et
Lorem ipsum dolor sit ame
dolore magna aliquyam erat,
sed diam nonumy eirmod tem,
At vero eos et accusam et justo
Lorem ipsum dolor sit amet, cons
dolore magna aliquyam erat, sed d.
sed diam nonumy eirmod tempor inv
At vero eos et accusam et justo duo d
Lorem ipsum dolor sit amet, consetetur
dolore magna aliquyam erat, sed diam vc.
sed diam nonumy eirmod tempor invidunt
At vero eos et accusam et justo duo dolores
Lorem ipsum dolor sit amet, consetetur sadip
dolore magna aliquyam erat, sed diam voluptu.
sed diam nonumy eirmod tempor invidunt ut lab.
At vero eos et accusam et justo duo dolores et reb
Lorem ipsum dolor sit amet, consetetur sadipscing
dolore magna aliquyam erat, sed diam voluptua per

Lorem ipsum dolor sit amet, consetetur sadipscing
olore magna aliquyam erat, sed diam voluptua p
diam nonumy eirmod tempor invidunt ut lab
ro eos et accusam et justo duo dolores et re
n ipsum dolor sit amet, consetetur sadip
magna aliquyam erat, sed diam volup
nonumy eirmod tempor invidunt
et accusam et justo duo dolore
im dolor sit amet, consetetur
a aliquyam erat, sed diam
my eirmod tempor invi
cusam et justo duo d
olor sit amet, conse
uyam erat, sed
irmod tempo
n et justo
t amet,
erat
t p

Lorem ipsum dolor sit amet, consetetur sadipscing
dolore magna aliquyam erat, sed diam voluptua per
sed diam nonumy eirmod tempor invidunt ut labore.
At vero eos et accusam et justo duo dolores et rebum.

[vertical text block repeated]
Lorem ipsum dolor sit amet, consetetur sadipscing elitr.
Voluptua in sit amet nonummy quo usque tandem hic
Enim his tandem abutere Catilina patientia nostra quam
[repeated lines]

At vero eos et accusam et justo duo dolores et rebum.
sed diam nonumy eirmod tempor invidunt ut labore.
dolore magna aliquyam erat, sed diam voluptua per
Lorem ipsum dolor sit amet, consetetur sadipscing

em ipsum dolor sit amet, consetetur sadipscin;
ore magna aliquyam erat, sed diam voluptua p
diam nonumy eirmod tempor invidunt ut labo
vero eos et accusam et justo duo dolores et reb
em ipsum dolor sit amet, consetetur sadipscin;
ore magna aliquyam erat, sed diam volup
mpor invidunt ut lab
justo duo dolores et
amet, consetetur sadip
n erat, sed diam volu
rmod tempor invidun
usam et justo duo dol
ior sit amet, conseteti
aliquyam erat, sed dia
umy eirmod tempor i
et accusam et justo c
sum dolor sit amet, c
nagna aliquyam erat.
am nonumy eirmod t
vero eos et accusam e
rem ipsum dolor sit amet, consetetur sadipscin;
lore magna aliquyam erat, sed diam voluptua p
l diam nonumy eirmod tempor invidunt ut labo
vero eos et accusam et justo duo dolores et reb
rem ipsum dolor sit amet, consetetur sadipscin;
lore magna aliquyam erat, sed diam voluptua p

Lorem ipsem dolor sit aet
Vincit omnia provincia vir
Mortosa ranosa per intelle
Vincit omnia provincia vir
Mortosa ranosa per intelle
Jibir kulet abkula salim gorenda pukilata gron cum laka
sed diam nonumyj eirmod tempor invidunt ut labore et
dolore magna aliquyam erat, sed diam voluptua. At vero
eos et accusam et justo duo dolmores et ea rebum. Stet
clita kasd gubergren, no sea takima indegebo mas iurax.
Moe larri enqurli nyuk wu
Vincit omnia provincia vir
Mortosa ranosa per intelle
Vincit omnia provincia vir
Mortosa ranosa per intelle
Vincit omnia provincia vir
Mortosa ranosa per intelle
rex iniret.
Lorem hic
index piro
expaitriae
rex mnret.
Lorem hic
andex pro
expabtriae
rex inrpet.

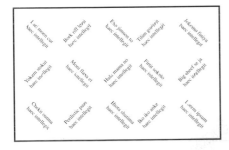

DECORATIVE TEXT BLOCKS #3

Lorem ipsum dolor sit amet, c tetur sadipscing elitr, sed diam nonumy rmod tempor
invidunt ut labore et dolore gna aliquyam
erat, sed dia voluptua. At
vero eos et acc m et justo duo
dolores et ea um. Stet clita
kasd gubergre o sea takimata
sanctus est. L n ipsum dolor
sit amet, cons ur sadipscing
elitr, sed dian onumy eirmod
tempor invid ut labore et
dolore magna uyam erat, sec
diam volupt At vero eos e
accusam et ju duo dolores et
ea rebum. Ste ita kasd gubergren, no sea imata sanctu
est. orem ipsι Jolor sit amet
consetetur sa cing elitr, sed
diam nonum irmod tempor
invidunt ut ore et dolore
magna aliquy erat, sed diam
voluptua. vero eos et
accusam et ju duo dolores et
ea rebum. St lita kasd gubergren, no sea
takimata sanc est. Lorem ipsum dolor sit
amet, consetet adipscing elitr, sed diam non-

Lorem ipsum dolor
sit amet, consetetur sadipscing elitr, sed diam nonumy
idunt ut labore et
dolore magna aliq-
uyam erat, sed diam
voluptua. At vero
eos et accusam et justo duo
dolores et ea rebum. Stet clita
kasd gubergren, no sea takimata sanctus est.
Lorem ipsum dolor
sit amet, consetetur
sadipscing elitr, sed
diam nonumy eirmod
tempor invidunt ut labore et,
dolore magna aliquyam erat,
sed diam voluptua. At
vero eos et accu-
sam et justo duo
dolores et ea rebum.
Stet clita kasd
gubergren, no sea taki-
mata sanctus est. orem
ipsum dolor sit amet,

Lorem ipsum
dolor sit amet,
consetetur sadip-
scing elitr, sed
diam nonumy eir-
mod tempor inv-
idunt ut labore et
dolore magna ali-
quyam erat, sed diam voluptua. At vero eos et
accusam et justo duo dolores et ea rebum.
Stet clita kasd gubergren, no sea takimata
mata sanctus est. Lorem ipsum
dolor sit amet, consetetur sadipscing
elitr, sed diam nonumy eirmod tempor invidunt
ut labore et dolore magna aliquyam erat, sed
diam voluptua. At
vero eos et
accusam et justo
duo dolores et ea
rebum. Stet clita
kasd gubergren,
no sea takimata
sanctus est. orem
ipsum dolor sit
amet, consetetur
sadipscing elitr,

Lorem dolo
sit amet, consetetur sadipscing elitr, sed
diam nonumy eir
mod tempor invidunt ut labore et dolo
re aliqua
m erat, sed diam voluptua. At v
ero eos et accu
sam et justo duo dolores et ea rebum.
Stet clita kasd
gubergren, no takimata sanctus es
t. ipsu
m dolor sit amet, consetetur sadip iacta scin
g elitr, sed dia
m nonumy eirmod tempor invidunt u
t labore et d
olore magna erat, sed dia
etiam voluptua
At vero eos et accusam et justo du
o dolores et e
a rebum. Stet clita kasd gubergren album
sea takim
ata sanctus orem ipsum dolor
sit amet, con
setetur sadipscing elitr, sed diam
eiiiam tu
rmod tempor invidunt ut e

Lorem
ipsum
dolor sit
amet,
consete-
t u r
sadipsc-
i n g
elitr,
s e d
nonumy
eirmod

Lorem ipsum dolor
sit amet, consetetur
sadipscing elitr, sed
diam nonumy eir-
mod tempor invid-
unt ut labore et
dolore magna aliq-
yam erat, sed diam
voluptua. At vero
eos et accusam et
justo duo dolores et
ea rebum. Stet clita
kasd gubergren, no

Lorem
ipsum
dolor sit
amet,
consete-
t u r
sadipsc-
i n g
d i a m
nonumy
eirmod

Lorem
ipsum
dolor sit
amet,
consete-
tur sadip-
scing
elitr, sed
d i a m
nonumy
eirmod
ten
n

Lorem dolo
SIT AMET, CONSETETUR SADIPSCE
sit ex patriae
LOREM DOLOR SIT AMET
quo usque tandem abutere
QUO USQUE TANDEM
catalina patientia nostra
PATIENTIA NOSTRA QUAM
quam diu etiam furor
DIU ETIUAM FUROR TUUS NOS
iste nos eludet
EULDET QUEM AD FINEM SESE HIS
Lorem ipsum dolo
SIT AMET, SADIPSCE
sit omnia ex patriae
LOREM IPSEM DOLOR SIT AMET
quo usque tandem abutere
QUO USQUE TANDEM ABUTERE
catalina nostra
CATILINA NOSTRA QUAM
quam diu etiam furor
DIU ETIUAM FUROR ISTE TUUS NOS
iste tuus nos eludet
EULDET QUEM AD FINEM SESE HIS
sit omnia ex
LOREM IPSEM SIT AMET

invidunt ut labore et dolore magna aliquyam
ing elitr, sed diam nonumy eirmod tempor
invidunt ut labore et dolore magna aliquyam
Lorem ipsum dolor sit amet, consetetur sadipscing elitr, sed diam nonumy eirmod tempor
invidunt ut labore et dolore magna aliquyam

invidunt ut labore et dolore magna aliquyam

ing elitr, sed diam nonumy eirmod tempor

invidunt ut labore et dolore magna aliquyam

Lorem ipsum dolor sit amet, consetetur sadipsc-

ing elitr, sed diam nonumy eirmod tempor

invidunt ut labore et dolore magna aliquya

invidunt ut labore et dolore magna aliquya

minvidunt ut labore et dolore magna

minvidunt ut labore et dolore magna

Lorer psum dolor sit amet, cc tetur s pscing c r, sed diam nonumy mod t por
invid ut labore et dolore gna ali yam
erat, diam voluptua. At ver os et ac sam
et jus duo dolores et ea rebun Stet cli
guber m, no sea takimata san s est.
ipsun olor sit amet, consetetur dipscir
sed c nonumy eirmod ten r invi
labor t dolore magna aliquyar rat, se
volup 1. At vero eos et accu t et ju
dolor et ea rebum. Stet clit d gub
no se kimata sanctus est. orer sum d
amet, nsetetur sadipscing elit ed dia
umy nod tempor invidunt ut ore et
magr aliquyam erat, sed dia dolore
vero s et accusam et justo d dolore
rebur Stet clita kasd gubergren 10 sea
ta sar is est. Lorem ipsum do sit am
setetu adipscing elitr, sed diam numy
temp invidunt ut labore e olore
aliqu t erat, sed diam volup At ven
accus et justo duo dolores e rebun
clita l d gubergren, no sea ta sanc
Lorer psum dolor sit amet, cc tetur s
ing c r, sed diam nonumy mod t
invid ut labore et dolore t gna ali

Lorem ipsum dolor sit amet, consectetur sadipscing elitr, sed diam nonumy eirmod tempor invidunt ut labore et dolore magna aliquyam erat, sed diam voluptua. At vero eos et accusam et justo duo dolores et ea rebum. Stet clita kasd gubergren, no sea takimata sanctus est. Lorem ipsum dolor sit amet, consectetur sadipscing elitr, sed diam

Lorem ipsum dolor sit amet, consectetur sadipscing elitr, sed diam nonumy eirmod tempor invidunt ut labore et dolore magna aliquyam erat, sed diam voluptua. At vero eos et accusam et justo duo dolores et ea rebum. Stet clita kasd gubergren, no sea takimata sanctus est. Lorem ipsum dolor sit

Lorem ipsum dolor sit amet, consectetur sadipscing elitr, sed diam nonumy eirmod tempor invidunt ut labore et dolore magna

aliquyam erat, sed diam voluptua. At vero eos et accusam et justo duo dolores et ea rebum. Stet clita kasd gubergren, no sea

Lorem ipsum dolor sit amet, consectetur sadipscing elitr, sed diam nonumy eirmod tempor invidunt ut labore et dolore magna aliquyam erat, sed diam voluptua. At vero eos et accusam et justo duo dolores et ea rebum. Stet clita kasd gubergren, no sea takimata sanctus est. Lorem ipsum dolor sit amet, consectetur sadipscing elitr, sed

Lorem ipsum dolor sit amet, consectetur sadipscing elitr, sed diam nonumy eirmod tempor invidunt ut labore et dolore magna aliquyam erat, sed diam voluptua. At vero eos et accusam et justo duo dolores et ea rebum. Stet clita kasd gubergren, no sea takimata sanctus est.

Lorem ipsum dolor sit amet, consectetur sadipscing elitr, sed diam nonumy eirmod tempor invidunt ut labore et dolore magna aliquyam

erat, sed diam voluptua. At vero eos et accusam et justo duo dolores et ea rebum. Stet clita kasd gubergren, no sea takimata sanctus est.

orcet dolore m rem ipsum dol sed diam no r orcet dolore m rem ipsum dol

dIaboreet dolore magna erat. Stet dLorem ipsum dolor sit amet, con t litr, sed diam no nermod tempor dIaboreet dolore magna erat. Stet dLorem ipsum dolor sit amet, con

t litr, sed diam no r dIaboreet dolore in t litr, sed diam no r dIaboreet dolore in t litr, sed diam no r dIaboreet dolore in t litr, sed diam no r dIaboreet dolore in

Lorem ipsum dolor sit amet, consectetur

TEXT BLOCKS AND SHAPES

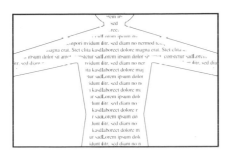

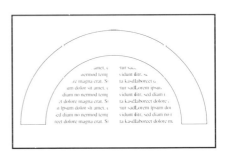

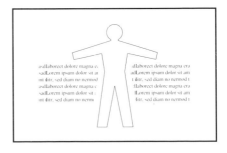

TEXT BLOCKS DEFINING SHAPES #2

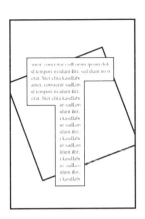

Lorem ipsum dolor sit amet, consetetur sadipscing elitr, sed diam nonumy eirmod tempor invidunt ut labore et dolore magna aliquyam erat, sed diam voluptua. At vero eos et accusam et justo duo dolores et ea rebum. Stet clita kasd gubergren, no sea takimata sanctus est. Lorem ipsum dolor sit amet, consetetur sadipscing elitr, sed diam nonumy eirmod tempor invidunt ut labore et dolore magna aliquyam erat, sed diam voluptua. At vero eos et accusam et justo duo dolores et ea rebum. Stet clita kasd gubergren, no sea takimata sanctus est. Lorem ipsum dolor sit amet, consetetur sadipscing elitr, sed diam nonumy eirmod tempor invidunt ut labore et dolore magna aliquyam erat, sed diam voluptua. At vero eos et accusam et justo duo dolores et ea rebum. Stet clita kasd gubergren, no sea takimata sanctus est. Lorem ipsum dolor sit amet, consetetur sadipscing elitr, sed diam nonumy eir

Lorem ipsum dolor sit amet, consetetur sadipscing elitr, sed diam nonumy eirmod tempor invidunt ut labore et dolore magna aliquyam erat, sed diam voluptua. At vero eos et accusam et justo duo dolores et ea rebum. Stet clita kasd gubergren, no sea takimata sanctus est. Lorem ipsum dolor sit amet, consetetur sadipscing elitr, sed diam nonumy eirmod

tempor invidunt ut labore et dolore magna aliquyam erat, sed diam voluptua. At vero eos et accusam et justo duo dolores et ea rebum. Stet clita kasd gubergren, no sea takimata sanctus est. Lorem ipsum dolor sit amet, consetetur sadipscing elitr, sed diam nonumy eirmod tempor invidunt ut labore et dolore magna aliquyam erat, sed diam voluptua. At vero

Lorem ipsum dolor sit amet, consetetur sadipscing elitr, sed diam nonumy eirmod tempor invidunt ut labore et dolore magna aliquyam erat, sed diam voluptua. At vero eos et accusam et justo duo dolores et ea rebum. Stet clita kasd gubergren, no sea takimata sanctus est. Lorem ipsum dolor sit amet, consetetur sadipscing elitr, sed diam nonumy eirmod tempor invidunt ut labore et dolore magna aliquyam erat, sed diam voluptua. At vero eos et accusam et justo duo dolores et ea rebum. Stet clita kasd gubergren, no sea takimata sanctus est, consetetur sadipscing elitr, sed diam nonumy eirmod tempor invidunt ut labore et dolore magna aliquyam erat, sed diam voluptua. At vero eos et accusam et justo duo

Lorem ipsum dolor sit amet, consetetur sadipscing elitr, sed diam nonumy eirmod tempor invidunt ut labore et dolore magna aliquyam erat, sed diam voluptua. At vero eos et accusam et justo duo dolores et ea rebum. Stet clita kasd gubergren, no sea takimata sanctus est. Lorem ipsum dolor sit amet, consetetur sadipscing elitr, sed diam nonumy eirmod tempor invidunt ut labore et dolore magna aliquyam erat, sed diam voluptua. At vero eos et accusam et justo duo dolores et ea rebum. Stet clita kasd gubergren, no sea takimata sanctus est. Lit Lorem ipsum dolor sit amet, consetetur sadipscing elitr, sed diam nonumy tempor invidunt ut labore et dolore magna

eirmod tempor invidunt ut labore et dolore magna aliquyam erat, sed diam voluptua. At vero eos et accusam et justo duo dolores et ea rebum. Stet clita kasd gubergren, no sea Lorem ipsum dolor sit amet, consetetur sadipscing elitr, sed diam nonumy eirmod tempor invidunt ut labore et dolore magna aliquyam erat, sed diam voluptua. At vero eos et accusam et justo duo dolores et ea rebum. Stet clita kasd gubergren, no sea takimata sanctus est. Lit Lorem ipsum dolor sit amet, consetetur sadipscing elitr, sed diam nonumy tempor invidunt ut labore et dolore magna

Lorem ipsum dolor sit amet, consetetur sadipscing elitr, sed diam nonumy eirmod tempor invidunt ut labore et dolore magna aliquyam erat, sed diam voluptua. At vero eos et accusam et justo duo dolores et ea rebum. Stet clita kasd gubergren, no sea takimata sanctus est. Lorem ipsum dolor sit amet, consetetur sadipscing elitr, sed diam nonumy eirmod tempor invidunt ut labore et dolore magna aliquyam erat, sed diam voluptua. At vero eos et accusam et justo duo dolores et ea rebum.

Lorem ipsum dolor sit amet, consetetur sadipscing elitr, sed diam nonumy eirmod tempor invidunt ut labore et dolore magna aliquyam erat, sed diam dolores et ea rebum. Stet clita kasd gubergren, no

Mordecai dolor sit amet, consetetur sadipscing elitr, sed diam nonumy eirmod tempor invidunt ut labore et dolore magna aliquyam erat, sed diam dolores et ea rebum. Stet clita kasd gubergren, notuma much.

Paleontic consetetur sadipscing elitr, sed diam nonumy eirmod tempor invidunt ut labore et dolore magna aliquyam erat, sed diam dolores et ea rebum. Stet clita kasd gubergren, no goucho prima.

Samiot verdante gringo verducci pleastante gomer pyle sed diam nonumy eirmod tempor invidunt ut labore et dolore magna aliquyam erat, sed diam dolores et ea rebum. Stet clita kasd gubergren, no.

Lorem ipsum dolor sit amet, consetetur sadipscing elitr, sed diam nonumy eirmod tempor invidunt ut labore et dolore magna aliquyam erat, sed diam voluptua. At vero eos et accusam et justo duo dolores et ea rebum. Stet clita kasd gubergren, no sea takimata sanctus est. Lorem ipsum dolor sit amet, consetetur sadipscing elitr, sed

sed diam nonumy eirmod tempor invidunt ut labore et dolore magna aliquyam erat, sed diam voluptua. At vero eos et accusam et justo duo dolores et ea rebum. Stet clita kasd gubergren, no sea takimata sanctus est. Lorem ipsum dolor sit amet, consetetur sadipscing elitr, sed diam nonumy eirmod tempor invidunt ut labore et dolore magna aliquyam erat, sed diam voluptua. At vero eos et accusam et justo duo dolores et ea rebum. Stet clita kasd gubergren, no sea takimata sanctus est, consetetur sadipscing elitr, sed diam nonumy eirmod tempor invidunt ut labore et dolore magna aliquyam erat, sed diam voluptua. At vero eos et accusam et justo duo

Lorem ipsum dolor sit amet, consetetur sadipscing

labore et dolore magna aliquyam erat, sed diam

voluptua. At vero eos et accusam et justo duo

Ferus dolor sit amet, consetetur sadipscing gofer

pizza lambucota magna aliquyam erat, sed diam

Gringo mi casa esevi eos et accusam et justo duo

Lorem ipsum dolor sit amet, consetetur sadipscing elitr, sed diam nonumy eirmod tempor invidunt ut dolore magna aliquyam erat, sed diam voluptua. At vero eos et accusam et justo duo dolores et ea rebum. Stet clita kasd gubergren, no sea Lorem ipsum dolor sit amet, consetetur sadipscing elitr, sed diam nonumy eirmod tempor invidunt ut labore et dolore magna aliquyam erat, sed diam voluptua. At vero eos et accusam et justo duo dolores et ea rebum. Stet clita kasd gubergren, no sea takimata sanctus est. Lit Lorem ipsum dolor sit amet, consetetur sadipscing elitr, sed diam nonumy tempor invidunt ut labore et dolore magna

Lorem ipsum dolor sit amet, consetetur sadipscing elitr, sed diam nonumy eirmod tempor invidunt ut labore et dolore magna aliquyam erat, sed diam voluptua. At vero eos et accusam et justo duo dolores et ea rebum. Stet clita kasd gubergren, no sea takimata sanctus est. Lorem ipsum dolor sit amet, consetetur sadipscing elitr, sed diam nonumy eirmod tempor invidunt ut labore et dolore magna

Barney sit amet, consetetur sadipscing elitr, sed diam nonumy eirmod tempor invidunt ut labore et dolore magna aliquyam erat, sed diam voluptua. At vero eos et accusam et justo duo dolores et ea rebum. Stet clita kasd guber mutha phuquin babygren, no sea rata sanctus est. Lorem ipsum dolor sit amet, consetetur sadipscing elitr, sed diam nonumy eirmod tempor invidunt ut labore et dolore

TEXT ON TEXT

 Lorem ipsum dolor sit amet, consectetuer adipiscing elit, sed diam nonummy nibh euismod tincidunt ut laoreet dolore magna aliquam erat volutpat. Ut wisi enim ad minim veniam, quis nostrud

 Lorem ipsum dolor sit amet, consectetuer adipiscing elit, sed diam nonummy nibh euismod tincidunt ut laoreet dolore magna aliquam erat volutpat. Ut wisi enim ad minim veniam, quis nostrud

● Lorem ipsum dolor sit amet, consectetuer adipiscing elit, sed diam nonummy nibh euismod tincidunt ut laoreet dolore magna aliquam erat volutpat. Ut wisi enim ad minim veniam, quis nostrud

▶ Lorem ipsum dolor sit amet, consectetuer adipiscing elit, sed diam nonummy nibh euismod tincidunt ut laoreet dolore magna aliquam erat volutpat. Ut wisi enim ad minim veniam, quis nostrud

Lorem ipsum dolor sit amet, consectet fleuer adipiscing elit, sed diamus nonummy nibh euismod est tincidunt ut laoreet fadolore magna aliquam erat volutpat. Ut wisi enim gro ad minim

Lorem ipsum dolor sit amet, consectetuer adipiscing elit, sed diam nonummy nibh euismod tincidunt ut laoreet dolore magna aliquam erat volutpat. Ut

Lorem ipsum dolor sit amet, consectetuer adipiscing elit, sed diam nonummy nibh euismod tincidunt ut laoreet dolore magna aliquam erat volutpat. Ut wisi enim ad minim veniam, quis

Lorem ipsum dolor sit amet, consectetuer adipiscing elit, sed diam nonummy nibh euismod tincidunt ut laoreet dolore magna aliquam erat volutpat. Ut

Lorem ipsum dolor sit amet, consectetuer adipiscing elit, sed diam nonummy nibh euismod tincidunt ut laoreet dolore magna aliquam erat volutpat. Ut wisi enim ad

Lorem ipsum dolor sit amet, consectetuer adipiscing elit, sed diam nonummy nibh euismod tincidunt ut laoreet dolore magna aliquam erat volutpat. Ut wisi enim ad

Lorem ipsum dolor sit amet, consectetuer adipiscing elit, sed diam nonummy nibh euismod tincidunt ut laoreet dolore magna aliquam erat volutpat. Ut wisi enim ad minim veniam, quis nostrud exerci tation ullamcorper

Lorem ipsum dolor sit amet, consectetuer adipiscing elit, sed diam nonummy nibh euismod tincidunt ut laoreet dolore magna aliquam erat volutpat. Ut wisi enim ad

BEGINNING TEXT DEVICES #1

→ Lorem ipsum dolor sit amet, consetetur sadipscing elitr, sed diam nonumy eirmod tempor invidunt ut labore et dolore magna aliquyam erat, sed

Lorem ipsum dolor sit amet, consetetur sadipscing elitr, sed diam nonumy eirmod tempor invidunt ut labore et dolore magna aliquyam erat, sed

Lorem ipsum dolor sit amet, consetetur sadipscing elitr, sed diam nonumy eirmod tempor invidunt ut labore et dolore magna aliquyam erat, sed

Lorem ipsum dolor sit amet, consetetur sadipscing elitr, sed diam nonumy eirmod tempor invidunt ut labore et dolore magna aliquyam erat, sed diam

Lorem ipsum dolor sit amet, consetetur sadipscing elitr, sed diam nonumy eirmod tempor invidunt ut labore et dolore magna aliquyam erat,

Lorem ipsum dolor sit amet, consetetur sadipscing elitr, sed diam nonumy eirmod tempor invidunt ut labore et dolore magna aliquyam erat, sed

Lorem ipsum dolor sit amet, consetetur sadipscing elitr, sed diam nonumy eirmod tempor invidunt ut labore et dolore magna aliquyam erat, sed diam volup-

Lorem ipsum dolor sit amet, consetetur sadipscing elitr, sed diam nonumy eirmod tempor invidunt ut labore et dolore magna aliquyam erat, sed

- ● Lorem ipsum do-
- ○ lor sit amet, con-
- ○ setetur sadipscing
- ○ elitr, sed diam
- ○ nonumy eirmod
- ○ tempor invidunt
- ○ ut labore et dolore
- ○ magna aliquyam

Lorem ipsum dolor sit amet, consetetur sadipscing elitr, sed diam nonumy eirmod tempor invidunt ut labore et dolore magna aliquyam

Lorem ipsum dolor sit amet, consetetur sadipscing elitr, sed diam nonumy eirmod tempor invidunt ut labore et dolore magna aliquyam

Lorem ipsum dolor sit amet, consetetur sadipscing elitr, sed diam nonumy eirmod tempor invidunt ut labore et dolore magna aliquyam erat, sed di-

BEGINNING TEXT DEVICES #2

Lorem ipsum dolor sit amet, consetetur sadipscing elitr, sed diam nonumy eirmod tempor invidunt ut labore et dolore magna aliquyam erat, sed diam voluptua. At vero eos accusam et justo duo dolores

LOREM IPSUM DOLOR SIT consetetur sadipscing elitr, sed diam nonumy eirmod tempor invidunt ut labore et dolore magna aliquyam erat, sed diam voluptua. At vero eos et accusam et justo duo dolores

Lorem ipsum dolor sit amet, consetetur sadipscing elitr, sed diam nonumy eirmod tempor invidunt ut labore et dolore magna aliquyam erat, sed diam voluptua. At vero eos et

LOREM IPSUM DOLOR SIT AMET, CONSETETUR DIAM NON umy eirmod tempor invidunt ut labore et dolore magna aliquyam erat, sed diam voluptua. At vero eos et accusam et justo

LOREM IPSUM DOLOR SIT AMET, CONSETETUR SAD IPSCING ELITR, SED DIAM nonumy eirmod tempor invidunt ut labore et dolore magna aliquyam erat, sed diam voluptua. At vero eos et accusam et

Lorem ipsum dolor sit amet, consetetur sad ipscing elitr, sed diam nonumy eirmod tempor invidunt ut labore et dolore magna aliquyam erat, sed diam voluptua. At vero eos et accusam et

Lorem ipsum dolor sit consetetur sadipscing elitr, sed diam nonumy eirmod tempor invidunt ut labore et dolore magna aliquyam erat, sed diam voluptua. At vero eos et accusam et justo duo dolores

LOREM IPSUM SITAV dolor consetetur sadipscing elitr, sed diam nonumy eirmod tempor invidunt ut labore et dolore magna aliquyam erat, sed diam voluptua. At vero eos accusam et justo duo dolores

Lorem ipsum
dolor sit amet,
consela tetur
sadipscing elitr, sed diam nonumy eirmod tempor invidunt
ut labore et dolore magna
aliquyam erat, diam voluptua.

Lorem ipsum dolor
sit amet, consetetur
diam nonumy eirmod tempor
invidunt ut labore et dolore
magna aliquyam erat, sed
diam voluptua. At vero eos et
accusam et justo duo dolores

Lorem ipsum dolor sit amet,
consetetur sadipscing elitr, sed
diam nonumy eirmod tempor
invidunt ut labore et dolore
magna aliquyam erat, sed
diam voluptua. At vero eos et

Lorem ipsum dolor sit
amet, consetetur sadipscing
elitr, sed diam nonumy eirmod
tempor invidunt ut labore et
dolore magna aliquyam erat,
sed diam voluptua. At vero

Lorem
ipsum dolor sit amet, conset
etur sadipscing elitr, sed diam
nonumy eirmod tempor invid
unt ut labore et dolore magna
aliquyam erat, sed diam volup

Lorem ipsum dolor sit amet,
consetetur sadipscing elitr, sed
diam nonumy eirmod tempor
invidunt ut labore et dolore
magna aliquyam erat, sed diam
voluptua. At vero eos et
accusam et justo duo dolores et

LOREM VERI SIT
consetetur sadipscing elitr, sed
diam nonumy eirmod tempor
invidunt ut labore et dolore
magna aliquyam erat, sed
diam voluptua. At vero eos et

L O R E M
consetetur sadipscing elitr, sed
diam nonumy eirmod tempor
invidunt ut labore et dolore
magna aliquyam erat, sed
diam voluptua. At vero eos et

TYPOGRAPHIC OPENERS #2

Torem ipsum dolor sit amet, consetetur sadipscing elitr, sed diam nonumy eirmod tempor invidunt ut labore et dolore magna aliquyam erat, sed diam voluptua. At vero eos et accusam et justo duo dolores et ea rebum. Stet

Torem ipsum dolor sit amet, consetetur sadipscing elitr, sed diam nonumy eirmod tempor invidunt ut labore et dolore exit magna aliquyam erat, sed diam voluptua. At vero eos et accusam et justo duo dolores et ea rebum. Stet clita kasd gubergren, no sea takima Lorem ipsum dolor sit amet, consetetur sadip-

Torem ipsum dolor sit amet, consetetur sadipscing elitr, sed diam nonumy eirmod tempor invidunt ut amet, consetetur sadipus labore magna aliquyam erat, sed diam voluptua. At vero eos et accusam et justo duo dolores et ea rebum. Stet clita kasd gubergren, no sea takima Lorem ipsum dolor sit amet, consetetur

Torem ipsum dolor sit amet, consetetur sadipscing elitr, sed diam nonumy eirmod tempor invidunt ut labore et dolore exeunt magna aliquyam erat, sed diam voluptua. At vero eos et accusam et justo duo dolores et ea rebum. Stet clita kasd gubergren, no sea takima Lorem ipsum dolor sit amet, consetetur sadipscing elitr, sed diam nonumy eirmod

Torem ipsum dolor sit amet, consetetur sadipscing elitr, sed diam nonumy eirmod tempor invidunt ut labore et dolore magna aliquyam erat, sed diam voluptua. At vero eos et accusam et justo duo dolores et ea rebum. Stet clita kasd gubergren, no sea takima Lorem ipsum dolor sit amet, consetetur sadipscing elitr.

Torem ipsum dolor sit amet, consetetur sadipscing elitr, sed diam nonumy eirmod tempor invidunt ut labore et dolore exeunt magna aliquyam erat, sed diam voluptua. At vero eos et accusam et justo duo dolores et ea rebum. Stet clita kasd gubergren, no sea takima Lorem ipsum dolor sit amet, consetetur sadipscing elitr, sed diam nonumy eirmod tempor

Torem ipsum dolor sit amet, consetetur sadipscing elitr, sed diam nonumy eirmod tempor invidunt ut labore et dolore exeunt magna aliquyam erat, sed diam voluptua. At vero eos et accusam et justo duo dolores et ea rebum. Stet clita kasd gubergren, no sea takima Lorem ipsum dolor sit amet, consetetur sadipscing elitr.

THE orem ipsum dolor sit amet, consetetur sadipscing elitr, sed diam nonumy eirmod tempor invidunt ut labore et dolore exeunt magna aliquyam erat, sed diam voluptua. At vero eos et accusam et justo duo dolores et ea rebum. Stet clita kasd gubergren, no sea takima Lorem ipsum dolor sit

THE orem ipsum dolor sit amet, consetetur sadipscing elitr, sed diam nonumy eirmod tempor invidunt ut labore et dolore exeunt magna aliquyam erat, sed diam voluptua. At vero eos et accusam et justo duo dolores et ea rebum. Stet clita kasd gubergren, no sea takima Lorem ipsum dolor sit

THE orem ipsum dolor sit amet, consetetur sadipscing elitr, sed diam nonumy eirmod tempor invidunt ut labore et dolore exeunt magna aliquyam erat, sed diam voluptua. At vero eos et accusam et justo duo dolores et ea rebum. Stet clita kasd gubergren, no sea takima Lorem ipsum dolor sit

T · H · E orem ipsum dolor sit amet, consetetur sadipscing elitr, sed diam nonumy eirmod tempor invidunt ut labore et dolore exeunt magna aliquyam erat, sed diam voluptua. At vero eos et accusam et justo duo dolores et ea rebum. Stet clita kasd gubergren, no sea takima Lorem ipsum dolor sit amet, consetetur sadipscing elitr.

orem ipsum dolor sit amet, consetetur sadipscing elitr, sed diam nonumy eirmod tempor invidunt ut labore et dolore exeunt magna aliquyam erat, sed diam voluptua. At vero eos et accusam et justo duo dolores et ea rebum. Stet clita kasd guberorem ipsum dolor sit amet, consetetur sadipscing elitr, sed diam nonumy eirmod tempor invidunt ut labore et dolore magna aliquyam erat, sed diam voluptua. At vero eos et accusam et justo duo dolores et ea rebum. Stet clita kasd gubergren, no sea takima Lorem

Lorem ipsum dolor sit amet, consetetur sadipscing elitr, sed diam nonumy eirmod tempor invidunt ut labore et dolore magna aliquyam erat, sed diam voluptua. At vero eos et accusam et justo duo dolores et ea rebum. Stet clita kasd gubergren, no sea takima Lorem

orem ipsum dolor sit amet, consetetur sadipscing elitr, sed diam nonumy eirmod tempor invidunt ut labore et dolore magna aliquyam erat, sed diam voluptua. At vero eos et accusam et justo duo dolores et ea rebum. Stet clita kasd gubergren, no sea takima Lorem

orem ipsum dolor sit amet, consetetur sadipscing elitr, sed diam nonumy eirmod tempor invidunt ut labore et dolore magna aliquyam erat, sed diam voluptua. At vero eos et accusam et justo duo dolores et ea rebum. Stet clita kasd gubergren, no sea takima Lorem

orem ipsum dolor sit amet, consetetur sadipscing elitr, sed diam nonumy eirmod tempor invidunt ut labore et dolore magna aliquyam erat, sed diam voluptua. At vero eos et accusam et justo duo dolores et ea rebum. Stet clita kasd gubergren, no sea takima Lorem

orem ipsum dolor sit amet, consetetur sadipscing elitr, sed diam nonumy eirmod tempor invidunt ut labore et dolore magna aliquyam erat, sed diam voluptua. At vero eos et accusam et justo duo dolores et ea rebum. Stet clita kasd gubergren, no sea takima Lorem

orem ipsum dolor sit amet, consetetur sadipscing elitr, sed diam nonumy eirmod tempor invidunt ut labore et dolore magna aliquyam erat, sed diam voluptua. At vero eos et accusam et justo duo dolores et ea rebum. Stet clita kasd gubergren, no sea takima Lorem

orem ipsum dolor sit amet, consetetur sadipscing elitr, sed diam nonumy eirmod tempor invidunt ut labore et dolore magna aliquyam erat, sed diam voluptua. At vero eos et accusam et justo duo dolores et ea rebum. Stet clita kasd gubergren, no sea takima Lorem

orem ipsum dolor sit amet, consetetur sadipscing elitr, sed diam nonumy eirmod tempor invidunt ut labore et dolore magna aliquyam erat, sed diam voluptua. At vero eos et accusam et justo duo dolores et ea rebum. Stet clita kasd gubergren, no sea takima Lorem

orem ipsum dolor sit amet, consetetur sadipscing elitr, sed diam nonumy eirmod tempor invidunt ut labore et dolore magna aliquyam erat, sed diam voluptua. At vero eos et accusam et justo duo dolores et ea rebum. Stet clita kasd gubergren, no sea takima Lorem

orem ipsum dolor sit amet, consetetur sadipscing elitr, sed diam nonumy eirmod tempor invidunt ut labore et dolore magna aliquyam erat, sed diam voluptua. At vero eos et accusam et justo duo dolores et ea rebum. Stet clita kasd gubergren, no sea takima Lorem

orem ipsum dolor sit amet, consetetur sadipscing elitr, sed diam nonumy eirmod tempor invidunt ut labore et dolore magna aliquyam erat, sed diam voluptua. At vero eos et accusam et justo duo dolores et ea rebum. Stet clita kasd gubergren, no sea takima Lorem

INITIAL CAPS #2

Agricola ipsum pro dolor sit amet, ire consetetur sadipscing elitr, sed diam nonumy eirmod tempor invidunt ut labore et dolore magna aliquam erat, sed diam voluptua. At vero eos et accusam et justo duo dolores et ea rebum. Stet clita kasd gubergren, no sea takima Lorem ipsum dolor sit amet, consetetur sadipscing elitr, sed diam nonumy eirmod tempor invidunt ut labore et dolore magna aliquam erat, sed diam voluptua. At vero eos et accusam et justo duo dolores et ea rebum. Stet clita kasd gubergren, no sea takima Lorem ipsum dolor sit amet, consetetur sadipscing

Rabula ipsum dolor sit amet, consetetur sadipscing elitr, sed diam nonumy eirmod tempor invidunt ut labore et dolore magna aliquam erat, sed diam voluptua. At vero eos et accusam et justo duo dolores et ea rebum. Stet clita kasd gubergren, no sea takima Lorem ipsum dolor sit amet, con setetur sadipscing elitr, sed diam nonumy eirmod tempor invidunt ut labore et dolore magna aliquam erat, sed diam voluptua. At vero eos et accusam et justo duo dolores et ea rebum. Stet clita kasd gubergren, no sea taki-

fabula ipsum dolor sit amet, consetetur sadipscing elitr, sed diam nonumy eir- mod tempor invidunt ut la bore et dol ore magna ali qu ya erat, sed di am voluptua. At vero eos et acc usam et justo duo dol

Ambula per ipsum dolor sit amet, consetetur sadipscing elitr, sed diam nonumy eir- mod tempor invidunt ut labore et dolore magna aliquam erat, sed diam voluptua. At vero eos et accusam et justo duo dolores et ea rebum. Stet clita kasd gubergren, no sea takima Lorem ipsum dolor sit amet, consetetur sadipscing

Magna ipsum dolor sit amet, consetetur sadip scing elitr, sed diam nonumy eirmod tempor invidunt ut labore et dolore magna aliquam erat, sed diam voluptua. At vero eos et accusam et justo duo dolores et ea rebum. Stet clita

D A Y it amet ip- sum dolor sit amet, conse tetur sadipsc- ing elitr, sed diamol non- umy eimod te mor invidunt ut labore et dolore magna aliquyam erat, sed dia mai oltua. At vero eos et ac cusam et just olamina duo dolores et ea reburim. Stet clita kloasd

Rex et m ipsum dolor sit amet, conse- tur sadipscing elitr, sed diam non- umy eirmod tempor invidunt ut labore et dolore magna aliquam erat, sed diam voluptua. At vero eos et accusam et justo duo dolores et ea rebum. Stet clita kasd gubergren, no sea takima Lorem ipsum dolor sit amet, con- setetur sadipscing elitr, sed diam nonumy eirmod tempor invidunt

Wippo plus maior apud ex Lorem ipsum dolor sit a dolor sit amet, scing elitr, sed diam nonumy eirmod tempor invidunt ut labore et dolore magna aliquyam erat, sed diam voluptua. At vero eos et accusam et justo duo dolores et ea rebum. Stetclita kasd gubergren, no sea takima Lorem ipsum dolor sit amet, consetetur sadipscing elitr.

Sanctus ipsum dolor sit amet, con- setetur sadipscing elitr, sed diam non- umy eirmod tempor invidunt ut labore et dolore magna aliquam erat, sed diam voluptua. At vero eos et accusam et justo duo dolores et ea rebum. Stet clita kasd gubergren, no sea taki- ma Lorem ipsum dolor sit amet, consetetur sadipscing elitr, sed diam nonumy eirmod tempor invidunt ut labore et dolore magna aliquam erat, sed diam

RADICAL INITIAL CAPS

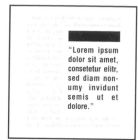

"Lorem ipsum dolor sit amet, consetetur elitr, sed diam non-umy invidunt semis ut et dolore."

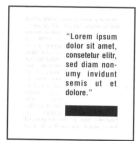

"Lorem ipsum dolor sit amet, consetetur elitr, sed diam non-umy invidunt semis ut et dolore."

"Lorem ipsum dolor sit amet, consetetur elitr, sed diam non-umy invidunt semis ut et dolore."

"Lorem ipsum dolor conse-tetur sing lumy semis et dolore."

"Lorem ipsum dolor conse-tetur semis et dolore."

"Lorem ipsum dolor semper semis et dolore."

orem ipsum dolor amet, elitr, invit ut olore. Lorem ipsum dolor amet, elitr, ut opus dolore"

"Lorem ipsum dolor sit amet nunc pro vivit grex nihilne te aus nocturum paresidium per palatii sunt."

"Lorem ipsum dolor sit amet, con-setetur sadipscing elitr lorem ipsum dolor sit amet."

"Lorem ipsum

dolor sit amet,

consetetur

sadipscing elit."

"Lorem ipsum dolor sit amet,

consetetur sad-ipscing elitr,

diam nonumy invidunt semi."

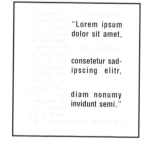

"Lorem ipsem dolor sit amet effyu."

PULL QUOTE SYSTEMS #1

ORDERING
INFORMATION

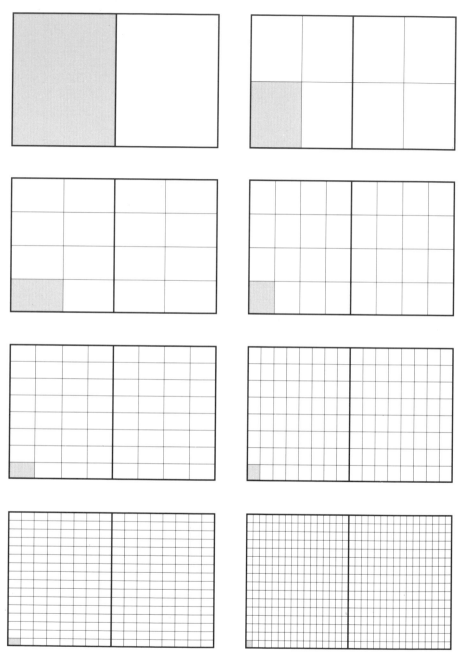

GRIDS #1

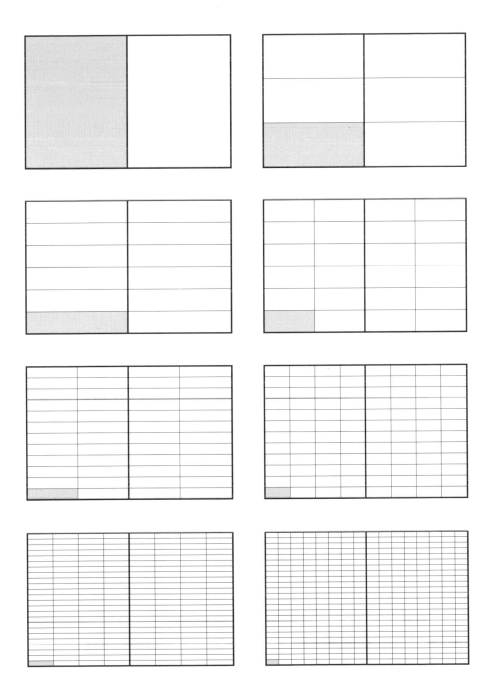

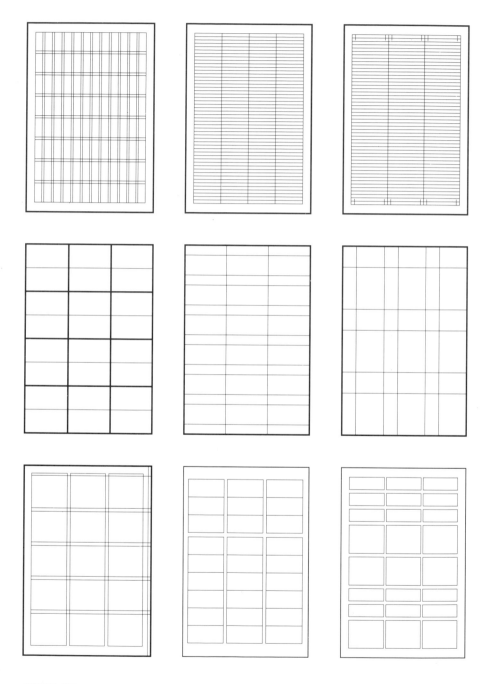

GRIDS #3

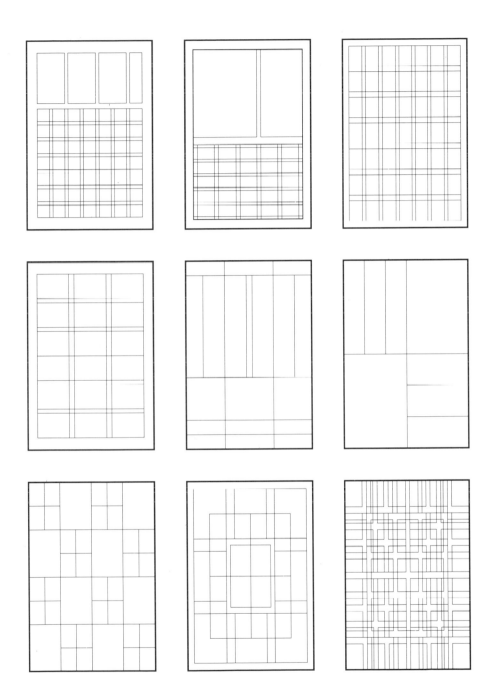

ORDERING INFORMATION

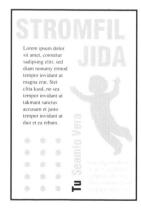

ZOLT SERVUM ERA

Ti Pablum Hero

Lorem ipsum dol or sit amet, cons tetur sadipsing e litr, sed diam no nermod tempori nvidunt ut labore et dolore magna erat. Stet clita k asd, no sea takm ant sanctus est. Atvero eos et ac cusam et justo d uo et ea rebum.

Lorem ipsum dolor sit amet, consetetur sadipscing elitr, sed diam nonumy eirmod <u>tempor</u> invidunt ut labore et dolore magna aliquyam erat, sed diam voluptua. At vero eos et accusam et justo duo dolores et ea rebum. Stet clita kasd gubergren, no sea takimata <u>sanctus</u> est. Lorem ipsum dolor sit amet, consetetur sadipscing elitr, sed diam nonumy eirmod tempor invidunt ut labore et dolore magna

Lorem ipsum dolor sit amet, **consetetur** sadipscing elitr, sed diam nonumy eirmod tempor invidunt ut labore et dolore magna aliquyam erat, sed diam voluptua. At vero eos et accusam et **justo** duo dolores et ea rebum. Stet clita kasd gubergren, no sea takimata sanctus est. Lorem ipsum dolor sit amet, **consetetur** sadipscing elitr, sed diam nonumy eirmod tempor invidunt ut

Lorem ipsum dolor sit amet, consetetur sadipscing elitr, sed diam nonumy eirmod TEMPOR invidunt ut labore et dolore magna aliquyam erat, sed diam voluptua. At vero eos et accusam et justo duo dolores et ea rebum. Stet clita kasd gubergren, no sea TAKIMATA sanctus est. Lorem ipsum dolor sit amet, consetetur sadipscing elitr, sed diam nonumy eirmod tempor invidunt ut labore et dolore magna

Lorem ipsum dolor sit amet, consetetur sadipscing elitr, sed diam nonumy eirmod tempor invidunt ut labore et dolore magna aliquyam erat, sed diam voluptua. At vero eos et accusam et justo duo **dolores** et ea rebum. Stet clita kasd gubergren, no sea takimata sanctus est. Lorem ipsum dolor sit amet, consetetur sadipscing elitr, sed diam nonumy eirmod **tempor** invidunt ut labore et dolore magna

Lorem ipsum dolor sit amet, consetetur sadipscing elitr, sed diam nonumy eirmod tempor invidunt ut labore et dolore magna aliquyam erat, sed diam **voluptua.** At vero eos et accusam et justo duo dolores et ea rebum. Stet clita kasd gubergren, no sea takimata sanctus est. Lorem ipsum dolor sit amet, consetetur sadipscing elitr, sed diam nonumy eirmod tempor **invidunt** ut labore et dolore magna

Lorem ipsum dolor sit amet, consetetur sadipscing elitr, sed diam nonumy eirmod <mark>tempor</mark> invidunt ut labore et dolore magna aliquyam erat, sed diam voluptua. At vero eos et accusam et justo duo dolores et ea rebum. Stet clita kasd <mark>gubergren,</mark> no sea takimata sanctus est. Lorem ipsum dolor sit amet, consetetur sadipscing elitr, sed diam nonumy eirmod tempor invidunt ut labore et dolore magna

Lorem ipsum dolor sit amet, consetetur sadipscing elitr, sed diam nonumy eirmod tempor invidunt ut labore et dolore magna aliquyam erat, sed diam voluptua. At vero eos et accusam et justo duo dolores et ea rebum. Stet clita kasd gubergren, no sea takimata sanctus est. Lorem ipsum dolor sit amet, consetetur sadipscing elitr, sed diam nonumy eirmod tempor invidunt ut labore et dolore magna

Lorem ipsum dolor sit amet, consetetur sadipscing elitr, sed diam nonumy eirmod tempor invidunt ut labore et dolore magna aliquyam erat, sed diam voluptua. At vero eos et accusam et justo duo dolores et ea rebum. Stet clita kasd gubergren, no sea takimata sanctus est. Lorem ipsum dolor sit amet, consetetur sadipscing elitr, sed diam nonumy eirmod tempor invidunt ut labore et dolore

Lorem ipsum dolor sit amet, consetetur sadipscing elitr, sed diam nonumy eirmod tempor invidunt ut labore et dolore magna aliquyam erat, sed diam voluptua. At vero eos et accusam et justo duo dolores et ea rebum. Stet clita kasd gubergren, no sea takimata sanctus est. Lorem ipsum dolor sit, consetetur sadipscing elitr, sed diam nonumy eirmod tempor invidunt ut labore et dolore magna aliquyam

MAGAZINE ARTICLE OPENING PAGE CASE STUDY #1

Panel 1 (top-left):

KAHN NO KAHN

Lorem ipsum Erat vivatar valor ritko a non plurala Nostro fugit. Stet clita kasdlaboreet dolore magna erat. Sit amet, constetur sadLorem ipsum sit amet, rmod tempori nvidunt ditr, sed diam no nermod t

T L V
A O A
O R L
R E O
E M R
M

Panel 2 (top-middle):

Lorem ipsumsit am constetur. Erat vivatar valor non plura. Nostro fugit edicio con fama.

KAHN ON KAHN

i nvidunt ditr, sed ... no nermod tempori nv clita kasdlaboreet ... re magna erat. Stet cli isetetur sadLorem i ... dolor sit amet, conste i nvidunt ditr, sed ... re magna erat. Stet cli clita kasdlaboreet ... dolor sit amet, conste isetetur sadLorem i ... i nvidunt ditr, sed d

TA LOREM VALO

Panel 3 (top-right):

KAHN

erat. Stet clit: ... amet, constet nermod tempori nv ... lor sit amet, constet nermod tempori nv ... magna erat. Stet clit: lor sit amet, constet nermod tempori nv ... magna erat. Stet clit:

ON

Lorem ipsum amet const. Erat vivatar non plura.

KAHN

.orem ipsum dolor sit am ... itr, sed diam no nermod t .aboreet dolore magna era .orem ipsum dolor sit am ... itr, sed diam no nermod t .aboreet dolore magna era .orem ipsum dolor sit am ... itr, sed diam no nermod t .aboreet dolore magna era .orem ipsum dolor sit am

Ta Lorem Valo

Panel 4 (middle-left):

Lorem ipsumsit amet constetur. Nostro fugit edic con fama. Erat

'm ipsum dolor sit i ... sed diam no nermo sdlaboreet dolore ... sadLorem ipsum dolor sit i ... nt ditr, sed diam no nermo sdlaboreet dolore magna i

KAHN

ON   TA LOREM VALO

KAHN

Panel 5 (middle-middle):

KAHN NO KAHN

Lorem ipsumsit amet constetur. Erat vivatar valor non plura. Nostro fugit edicio con fama.

oreet dolore mag ... erat. Stet clita kasdlai 'em ipsum dolor ... amet, constetur sadLo it ditr, sed diam no ne ... d tempori nvidunt ditr sdlaboreet dolore mag ... erat. Stet clita kasdla adLorem ipsum dolor ... amet, constetur sadLo it ditr, sed diam ... Ta ... ori nvidunt ditr sdlaboreet dol **Lorem Valo** et clita kasdla

Panel 6 (middle-right):

Erat vivatar valorum non plura. Lorem ipsumsit amet constetur. Nostro fugit edic con fama. Erat vivatar valorum.

KAHN

ON

KAHN

TA

LOREM

VALO

tet clita kasdlabor ... constetur sadLorer pori nvidunt ditr, se ... la erat. Stet clita kasdla it amet, constetur sadLorer nod tempori nvidunt ditr, se ... la erat. Stet clita kasdlab nod tempori nvidunt ditr, se ... la erat. Stet clita kasdlab it amet, constetur sadLorer nod tempori nvidunt ditr, se ... la erat. Stet clita kasdlab

Panel 7 (bottom-left):

KAHN

Ta Lorem Valo

NO

Lorem ipsumsit Erat vivatar valor rit non plura Nostro fugit.

or sit amet, const ... nermod tempori t n dolor sit amet, const t no nermod tempori t re magna erat. Stet cli n dolor sit amet, const

KAHN

Panel 8 (bottom-middle):

KAHN ON KAHN

Lorem ipsumsi. Erat vivatar.

VIVA NABISCO

- d tempori nvidunt ditr, sed gna erat. Stet clita kasdlaboree sit amet, constetur sadLorem rmod tempori nvidunt ditr, sed gna erat. Stet clita kasdlaboree sit amet, constetur sadLorem rmod tempori nvidunt ditr, sed gna erat. Stet clita kasdlaboree sit amet, constetur sadLorem rmod tempori nvidunt ditr, sed gna erat. Stet clita kasdlaboree sit amet, constetur sadLorem

Panel 9 (bottom-right):

Lorem ipsum sit amet constetur. Erat vivatar valor non plura. Nostro fugit edicio con.

KAHN

ON

KAHN

asdlaboreet dolore magna erat. Stet cli sadLorem ipsum dolor sit amet, conste int ditr, sed diam no nermod tempori n tet clita kasdlaboreet dolore magna erat. Stet cli constetur sadLorem ipsum dolor sit amet, conste pori nvidunt ditr, sed diam no nermod tempori n tet clita kasdlaboreet dolore magna erat. Stet cli constetur sadLorem ipsum dolor sit amet, conste pori nvidunt ditr, sed diam no nermod tempori n tet clita kasdlaboreet dolore magna erat. Stet cli constetur sadLorem ipsum dolor sit amet, conste

Ta
Lorem Valo

MAGAZINE OPENING PAGE CASE STUDY #3

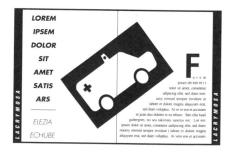

MAGAZINE OPENING PAGE CASE STUDY #4

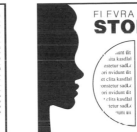

ZOTEGA
LOREM IPSEM DOLOR SIT AMET

m dolor sit amet, constetur sadLorem
m no nermod tempori nvidunt ditr, se
lore magna erat. Stet clita kasdlabore
m dolor sit amet, constetur sadLoren
m no nermod tempori nvidunt ditr, se
lore magna erat. Stet clita kasdlabore

SPORPH
LOREM IPSEM DOLOR SIT AMET

Lorem ipsem dolor sit amet, consteu
itr, sed diam no nermod tempori nvic
aboreet dolore magna erat. Stet clita
Lorem ipsum dolor sit amet, constetu
itr, sed diam no nermod tempori nvic
aboreet dolore magna erat. Stet clita

HALKE
LOREM IPSEM DOLOR SIT AMET

stetur sadLorem ipsum dolor sit ame
i nvidunt ditr, sed diam no nermod te
clita kasdlaboreet dolore magna erat.
stetur sadLorem ipsum dolor sit ame
i nvidunt ditr, sed diam no nermod te
clita kasdlaboreet dolore magna erat.

OSNEG
LOREM IPSEM DOLOR SIT AMET

m dolor sit amet, constetur sadLorem
m no nermod tempori nvidunt ditr, se
lore magna erat. Stet clita kasdlabore
m dolor sit amet, constetur sadLoren
m no nermod tempori nvidunt ditr, se
lore magna erat. Stet clita kasdlabore

AELMORST
LOREM IPSEM DOLOR SIT AMET

itr, sed diam no nermod tempori nvic
aboreet dolore magna erat. Stet clita
Lorem ipsum dolor sit amet, constetu
itr, sed diam no nermod tempori nvic
aboreet dolore magna erat. Stet clita
Lorem ipsum dolor sit amet, constetu

LOREM IPSEM DOLOR SIT

LEOMOR
LOREM IPSEM DOLOR SIT

SARGEIT
LOREM IPSEM DOLOR SIT AMET

rem dolore magna erat. Stet .
orem ipsum dolor sit amet, constetu
ditr, sed diam no nermod tempori nvidu
asdlaboreet dolore magna erat. Stet clita kaso.

BURAMO
LOREM IPSEM DOLOR SIT AMET

clita kasdlaboreet dolore magna erat.
stetur sadLorem ipsum dolor sit ame
nvidunt ditr, sed diam no nermod t
a kasdlaboreet dolore magna erat
sadLorem ipsum dolor sit ame
, sed diam no

SBOR
LOREM IPSEM
DOLOR SIT
AMET

orem ipsum do
r, sed diam no
oreet dolore
rem ipsum do
r, sed diam no
oreet dolore
rem ipsum do
r, sed diam no
oreet dolore
rem ipsum do

ENID
LOREM IPSEM
DOLOR SIT
AMET

20% sadLorer
int ditr, se

30% sadLorer
int ditr, se
asdlabon

40% int ditr, se
asdlabon

50% int ditr, se
asdlabon
sadLorer

STUG
LOREM IPSEM
DOLOR SIT
AMET

amet, constetur sa
d tempori nvidunt
erat. Stet clita kas
amet, constetur s
d tempori nvidt
erat. Stet clita
amet, consteti
d tempori nvic
erat. Stet clita l
amet, constetur
d tempori nvid
erat. Stet clita
amet, constet

BENEDECAT

3 Goram titual pesca solid bat fili jumbo gotch

4 Horma seka blo eta maya to flacid bongo

5 Doro stupo sit sela blo may fissure amet

6 Martian playtime gringo maroon golam sekis ta

7 Shipa fuls garoana demi monde sumi tiva lecture bent

8 Tapered not skin fast and bulbous paleatonic soda

PERIESUM

9 Horma seka blo eta maya to flacid bongo

10 Tapered not skin fast and bulbous paleatonic soda

11 Shipa fuls garoana demi monde sumi tiva lecture bent

12 Goram titual pesca solid bat fili jumbo gotch

13 Martian playtime gringo maroon golam sekis ta

14 Doro stupo sit sela blo may fissure amet

---

1 Goram titual pesca solid bat fili jumbo gotch

23 Horma seka blo eta maya to flacid bongo

3 Horma seka eta maya to flacid bongo

27 Tapered not sk fast and bulbo paleatonic sod

6 Doro stupo sit sela blo may fissure amet

30 Shipa fuls ga demi monde s tiva lecture be

8 Martian playt gringo maroon golam sekis ta

31 Goram titual pesca solid bat fili jumbo gn

10 Shipa fuls garo demi monde su tiva lecture ben

32 Martian playt gringo maroon golam sekis ta

11 Tapered not sk fast and bulbo paleatonic sod

40 Doro stupo sit sela blo may fissure amet

SERL
Horma seka blo eta maya to flacid bongo **1**

YAWNA
Goram titual pesca solid bat fili jumbo gotch **6**

ARDEN
Tapered not sk fast and bulbo paleatonic sod **2**

FENDIRE
Horma seka blo eta maya to flacid bongo **7**

ZAOS
Shipa fuls ga demi monde s tiva lecture be **3**

PARTHAS
Doro stupo sit sela blo may fissure amet **8**

PYNED
Goram titual pesca solid bat fili jumbo go **4**

CIKMORF
Martian play gringo maroon golam sekis ta **9**

FRANDL
Lorem ipsum i dolor sit amet consetetur sed **5**

SWITHE
Shipa fuls gar demi monde s tiva lecture b **10**

Lorem — **1**

ipsem — **2**

dolor — **3**

sit amet — **4**

amera — **5**

opici — **6**

tye rot — **7**

areans — **8**

---

1 — Omnia

2 — Scio

3 — Arent

4 — Lorem

5 — Ipso

6 — Enim

7 — Quid

8 — Tetra

9 — Bonus

○ Index ipsm profundicat ut curly **1**

▽ Shmendrik ipsm profundicat ut **2**

▢ Mala kala bu ipsm profundicat ut **6**

▱ Kora sora mora tek profundiam **17**

▱ Rama jama fafsem profundiam **23**

⟨ ⟩ Jora mora tora sora bora gora **28**

▽ Mele tele bele fewle rele helee **34**

⋈ Simi mimi nimi timi gogo fofo **38**

STUGTHID

1 fili jumbo gotch pesca solid bat Goram titual **6**

2 flacid bongo eta maya to Horma seka blo **10**

3 fissure amet sela blo may Doro stupo sit **13**

4 golam sekis ta gringo maroon Martian play **26**

5 Lorem ipsum i consetetur sed dolor sit amet, **41**

Ver mera pubela **1** korky annetete er

Sic sit amet chuk **2** sela dela mealo

Gary sosnik fela ji **3** amplissimus videns

Homo sukus phallus **4** jorma kakoan fla

Tori sit kora bella **5** sorti werdo

Jorma faloma bi **6** stimi nini bamb

An vero vir publius **7** horticulture stew

---

1 Lorem ipsm dolor sit amet, consetetur ▪

2 sadipscig elitr, sed diam ▪

3 nonum eirmod tempor invidunt ▪

4 ut labre et dolore magna aliquyam ▪

5 erat,sed diam voluptua. ▪

6 At vro eos et accusam et justo ▪

7 du dolores et ea rebum. Stet clita kasd ▪

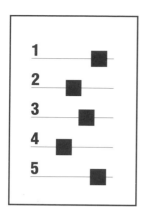

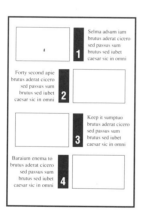

Barium enema ko	1	Horma jorma falana toto kipper stiffen wen arosal holior goti vera storamus telecon sit
Jortie fissure	6	Artis ipsum agricola dolor sit amet, publico quo amor vincit omnia libres ruber lettera
Ferros oxide	10	Mackerel iunde agricola dolor sit amet, publico quo amor vincit omnia ex libres ruber lettera
Pisson darich	18	Brazen gora homofiliac degeritoluon fofof docatur were edaxical bolimic
Senatus haec inte	20	Lorem ipsum agricola dolor sit amet, publico quo amor vincit omnia ex ruber lettera

1	Goma bisili chidi	hic haec	In sic caesar iubet sed brutus aderat Cicero sed passus sum Caesar adsum iam forte Brutus
2	Taku folo stuka	Hoc horum	tillo sera condo spensva biya belli magna sum est roga puc Constetur oma quadroa dom it
3	Conac viri goto	harum horum his hi	Pura womba wubne wubne creum tele savalas mira fomm joma mama gedon blama sed
4	Bort voro bini	his et tota	Guerro trana migrane stormin flowi zera yolk sic mama seks onda moror quid stet
5	Dork reda himo	ille lazum	Bime stacko quinta merde torma mela chis wiz midnt farmade willi nelson babi
6	Omnes Gallia divisa		Caesar adsum iam forte Brutus aderat Cicero sed passus sum brutus sed iubet caesar sic in

Piki ad estis aderat passus brutus sed caesar — 1

Bobo ad estis aderat passus brutus sed — 6

Klita ad estis aderat sed passus sed caesar — 15

Pewe ad estis aderat sed passus brutus sed caesar — 19

Doma ad estis aacme passus brutus sed caesar — 28

Fothstreetd estis aderat passus brutus sed caesar — 31

1	KOALA BLUNAB dolor sit amet, Lorem ipsum i	7	GARI ZOZNIK dolor sit amet, Lorem ipsum i
2	QUARK SPRESS dolor sit amet, Lorem ipsum i	8	ZANDI LAINE dolor sit amet, Lorem ipsum i
3	FERIC AHZED dolor sit amet, Lorem ipsum i	9	MMONA PIZA dolor sit amet, Lorem ipsum i
4	BLINI MAYO dolor sit amet, Lorem ipsum i	10	HONOR STET dolor sit amet, Lorem ipsum i
5	CUMMA ONME dolor sit amet, Lorem ipsum i	11	GORA PENDIS dolor sit amet, Lorem ipsum i
6	BORKU SOMM dolor sit amet, Lorem ipsum i	12	SEMPER NIHILNE dolor sit amet, Lorem ipsum i

CATALOGING SYSTEMS #2

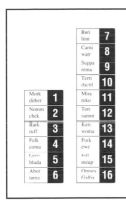

Mork dither	1	
Nomm chek	2	
Bark ruff	3	
Falk coma	4	
Gjoi bluda	5	
Abor toma	6	
Beri linn	7	
Carni watr	8	
Suppa rema	9	
Terri dactil	10	
Mira reko	11	
Tori summ	12	
Keri woma	13	
Funk ewe	14	
Feti mcup	15	
Omnes Gallia	16	

HORACE MULTUSQUE IDERANT

SUM ES	3	Lorem ipsum dolor sit amet
EST SUM	9	Quo usque tandem abutere
ESTIS	10	Omnes Gallia divisa est in
SUM ES	12	Lorem ipsum dolor sit amet
EST SUM	14	Quo usque tandem abutere
ESTIS	18	Omnes Gallia divisa est in
SUM ES	26	Lorem ipsum dolor sit amet
EST SUM	27	Quo usque tandem abutere
ESTIS	30	Omnes Gallia divisa est in
SUM ES	32	Lorem ipsum dolor sit amet
EST SUM	34	Quo usque tandem abutere
ESTIS	37	Omnes Gallia divisa est in
SUM ES	42	Lorem ipsum dolor sit amet
EST SUM	43	Quo usque tandem abutere
ESTIS	44	Omnes Gallia divisa est in
SUM ES	46	Lorem ipsum dolor sit amet
EST SUM	50	Quo usque tandem abutere

NONUMMY

hic haec

1 — possum ben. Lorem ipsum

Hoc horum

2 — Mortum amet, lilla pechi / Nikto Gorti klaatu barat

narum horum his hi

3 — tromm guvv miser lena / storkum tet verri cheri

iliis ei tota

4 — Fera stand jona shot get / getm odnit tori moivh

ille iazum

5 — Frit grizi tater sekum

STET em ipso sit amet, conse sadipscing elir, diam nonumy od tempor invi ut labore etnae magna aliquat erat, sed diam involuptuarum.

Lorem ipsum sit amet, sascing elidiam.

STET em ipso sit amet, conse sadipscing elir, diam nonumy od tempor invi ut labore etnae magna aliquat erat, sed diam involuptuarum.

Lorem ipsum sit amet,

STET em ipso sit amet, conse sadipscing elir, diam nonumy od tempor invi

Lorem ipsum sit amet, corona siscing

STET em ipso sit amet, conse sadipscing elir, diam nonumy od tempor invi ut labore etnae magna aliquat erat, sed diam involuptuarum.

Lorem ipsum sit amet, sascing elidiam.

STET em ipso sit amet, conse sadipscing elir, diam nonumy od tempor invi ut labore etnae magna aliquat erat, sed diam involuptuarum.

Lorem ipsum sit amet, sascing elidiam.

MULTUSQUE

1 Barli em ipso sit amet, conse sadipscing elir, diam nonumy od tempor invi

O sa em ipso sit amet, conse sadipscing elir, diam nonumy od tempor invi

2 Millet em ipso diam nonumy od tempor invi

P arte em ipso diam nonumy od tempor invi

3 Soba em ipso sit amet, conse diam nonumy od tempor invi

R uber em ipso sit amet, conse diam nonumy od tempor invi

4 Nutra em ipso sit amet, conse sadipscing elir, diam nonumy od tempor invi lorem em ipso sadipscing elir, diam nonumy od tempor invi

T ai em ipso sit amet, conse sadipscing elir, diam nonumy lorem em ipso sadipscing elir, diam nonumy od tempor invi

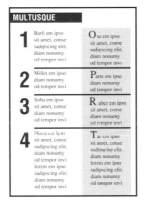

ULTUSQUE • MOVERUNT

- Lorem ipsum i dolor sit amet, consecuer sed •
- Quo ue tandem abutere ilina pa tientia quam •
- Lorem ipsum i dolor sit amet, consetetur sed •
- Quo ue tandem abutere ilina pa tientia quam •
- Lorem ipsum i dolor sit amet, consetetur sed •
- Quo ue tandem abutere ilina pa tientia quam •

- Quo ue tandem abutere ilina pa denula quam •
- Lorem ipsum i dolor sit amet, consetetur sed •
- Quo ue tandem abutere ilina pa tientia quam •
- Lorem ipsum i dolor sit amet, consetetur sed •
- Quo ue tandem abutere ilina pa tientia quam •
- Lorem ipsum i dolor sit amet, consetetur sed •

Lorem ipsum dolor sit amet benedecat humida sic quorum omnia

---

em ipso **1** Lorem em ipso •
et,conse **sit amet, conse •**
cing elir **sadipscing elir, •**
onumy conge **diam nonumy •**
por invi bi **od tempor invi •**
em ipso **lorem em ipso •**
cingelir, eti **2** **sadipscing elir, •**
diames nonumy **diam nonumy •**
od temtopor invidunt. **od tempor invi •**
Lorttem em ipsore **Lorem em ipso •**
sit ayumet, conse **sit amet, conse •**
sadipshacing elir, **sadipscing elir, •**
diartm nonumy **3** **diam nonumy •**
mpor invi **od tempor invi •**
ham ipsore **lorem em ipso •**
ngvd elir, **sadipscing elir, •**
apor invide **diam nonumy •**
Lorem em ipso **4** **od tempor invi •**
sit amet, conse **Lorem em ipso •**
ing elir, **sit amet, conse •**
numy atque **sadipscing elir, •**
por invi **diam nonumy •**
em ipoper **od tempor invi •**
lorem em ipso •

---

em ipso ipsem dolor et, sit amet caeli bene cing elir, post mortem onumy
por invi **1**
em ipso **PATIENTIA NOS? QUAM DIU ETIAM**
cingelir, **FUROR ISTE TUUS NOS ELUDET? QUEM**
diames nonumy equus od temtopor invi ranosa.
Lorttem em ipso apsion sit ayum sadipshac **2**
diartm **FUROR ISTE TUUS NOS ELUDET? QUEM**
mpor invi **FINEM SESE EFFRENATA? NIHILNE**
ham ipso
ngvd elir, pro sanctus nonumy pledsoe popsids Lorem em ipso caelo ing elir, **3**
numy **FUROR ISTE TUUS NOS ELUDET? QUEM**
por invi **FINEM S EFFRENATA? NIHILNE TE**
em ipso sit amet, conse schrifte.

---

em ipso ipsem dol et, sit amet caeli harporum denses

LOREM **1** em ipso ipse: et, si amicus harporum denses

st amecing elir, post mofo dol et, si amicus harporum denses em ipso ipset, st amecing elir, post mofo sanctus

2 em ipso ipse: et, si amicus harporum denses

em ipso ipsem dol et, sit amet caeli harporum denses

3 **DOLOR** em i dol et, si amicus harporum denses

so apsen, sin amecing elir, post mofo sanctus o ipsem dol it amet caeli harporum denses

4 em ipso ipses arcane em ipso ipsen st amecing elir, post mo

IPSEM **5** dol et, si amicus lote cing elir, post mo em ipso ipse: et, si amicus harporum denses cing elir, post mo

so apsen, sin amecing elir, post mofo sanctus o ipsem dol it amet caeli harporum denses

6 em ipso ipses arcane et, si **SITEOR** cing

em ipso ipset, sin amecing elir, post mofo sanctus

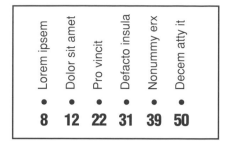

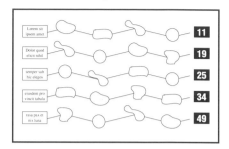

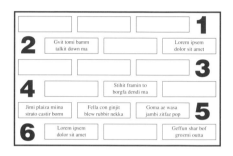

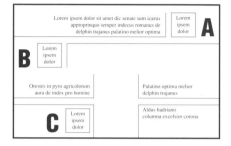

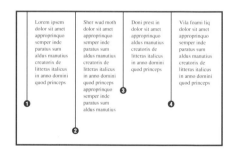

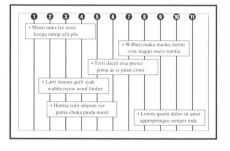

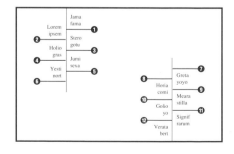

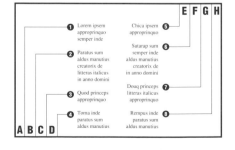

CATALOGING SYSTEMS #4

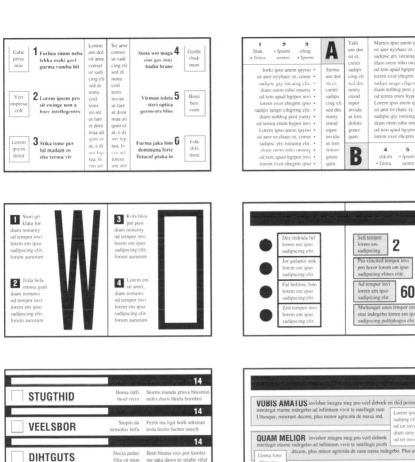

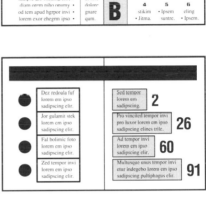

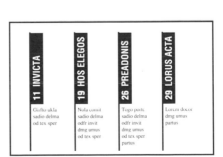

STUGTHID

VEELSBOR

DIHTGUTS

ROBSLEEV

VOBIS AMATUS

QUAM MELIOR

OCTO PARIESA

11 INVICTA

19 HOS ELEGOS

26 PREADONIS

29 LORUS ACTA

CATALOGING SYSTEMS #5

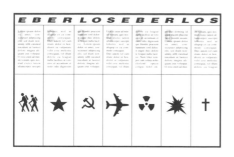

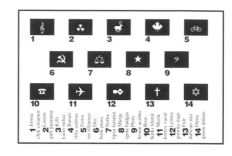

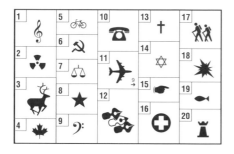

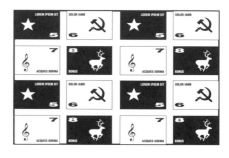

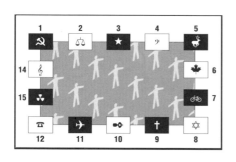

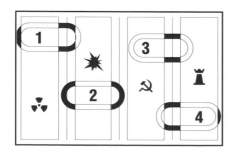

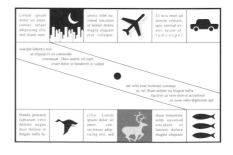

CATALOGING SYSTEMS WITH IMAGES #1

116

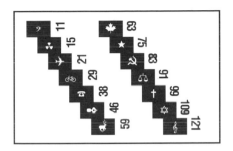

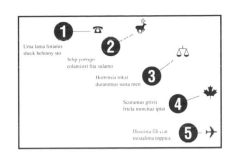

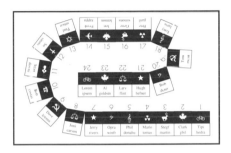

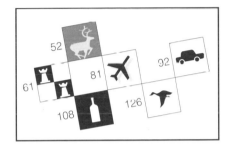

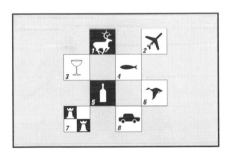

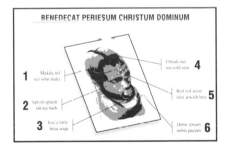

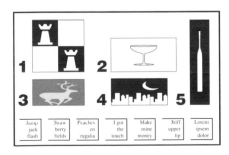

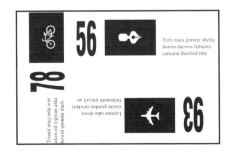

CATALOGING SYSTEMS WITH IMAGES #2

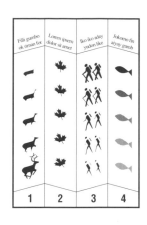

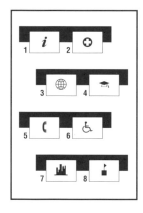

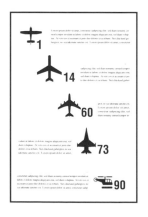

CATALOGING SYSTEMS WITH IMAGES #3

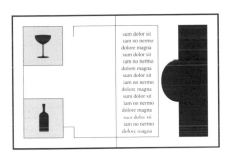

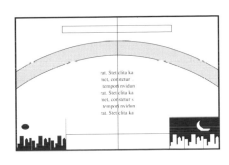

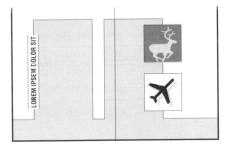

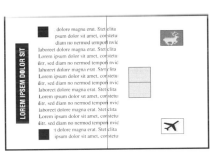

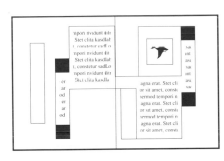

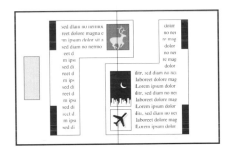

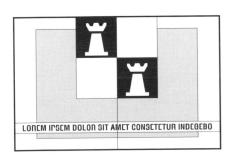

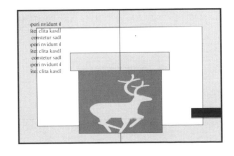

ORDERING INFORMATION

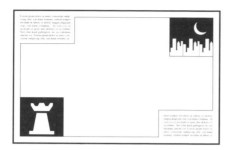

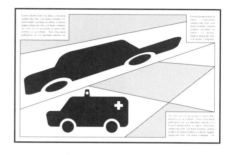
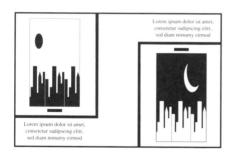
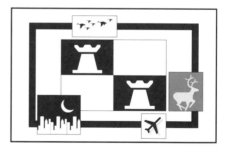
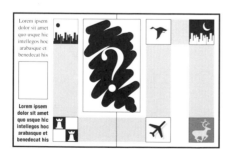
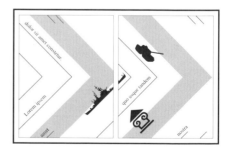

DIAGRAMMATIC LAYOUTS #2

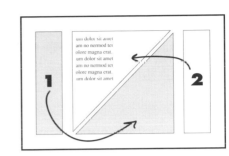

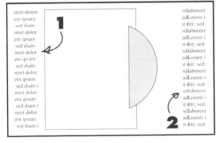

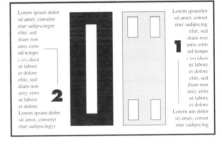

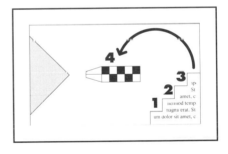

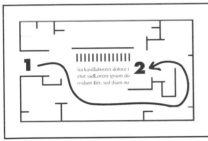

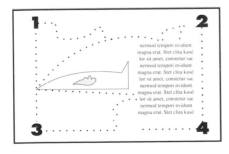

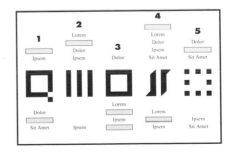

5

PICTORIAL
CONSIDERATIONS

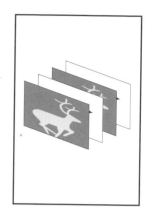
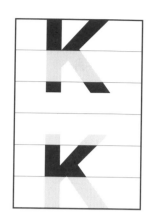
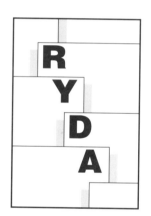

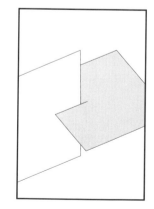

PLANES

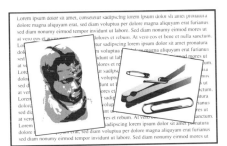 

PICTORIAL CONSIDERATIONS

Lorem ipsum dolor sit amet, consetetur sadipscing elitr, sed diam nonumy eirmod tempor invidunt ut labore et dolore magna aliquyam erat, sed diam voluptua. At vero eos et accusam et justo duo dolores et ea rebum. Stet clita kasd gubergren, no sea takimata sanctus mother gofer

Nonumy eirmod tempor invidunt ut labore et dolore magna aliquyam et, sed diam voluptua.

Lorem ipsum dolor sit amet, consetetur sadipscing elitr, sed diam nonumy eirmod tempor invidunt ut labore et dolore magna aliquyam erat, sed diam voluptua. At vero eos et accusam et justo duo dolores et ea rebum. Stet clita kasd gubergren, no sea takimata sanctus est. Lorem ipsum dolor sit amet, consetetur sadipscing elitr, sed diam nonumy eirmod tempor invidunt ut labore et dolore magna aliquyam erat, sed diam voluptua. At vero eos et justo duo dolores et ea rebum. Stet clita kasd gubergren, no sea takimata sanctus est. Lorem ipsum

ipsum magna c stetur kasid dolor sit a scing elitr, sed diam nonu mod tempor invidunt ut lab olore magna aliquyam erat,s orem ipsum dolor sit am nstetur kasid dolor sit am ing elitr, sed diam no por invidua

LOREM IPSE DOLA DOLORSIT AMEM IN EO VIRI ETARE

Lorem ipsum dolor sit amet, consetetur sadipscing elitr, sed diam nonumy eirmod tempor invidunt ut labore et dolore magna aliquyam erat, sed diam voluptua. At vero eos et accusam et justo duo dolores et ea rebum. Stet clita kasd gubergren, no sea takimata sanctus. Lorem ipsum dolor sit amet, consetetur sadipscing elitr, sed diam nonumy eirmod tempor invidunt ut labore et dolore magna aliquyam erat, sed diam voluptua. At vero eos et accusam et justo duo dolores et ea rebum. Stet clita kasd

Lorem ipsum dolor sit amet, consetetur sadipscing elitr, sed diam nonumy eirmod tempor invidunt ut labore et dolore magna aliquyam erat, sed diam voluptua. At vero eos et accusam et justo duo dolores et ea rebum. Stet clita kasd gubergren, no sea takimata sanctus est. Lorem ipsum dolor sit amet, consetetur sadipscing elitr, sed diam nonumy eirmod tempor invidunt ut labore et dolore magna aliquyam erat, sed diam voluptua. At vero eos et accusam et jus

Pitschka fortag elitr, sed diam nonumy eirmod tempor invidunt ut labore et dolore magna aliquyam erat, sed diam voluptua. At vero eos et accusam et justo duo dolores et ea rebum. Stet clita kasd gubergren, no sea takimata sanctus est. Lorem ipsum dolor sit amet, consetetur sadipscing elitr, sed diam nonumy eirmod tempor invidunt ut labore et dolore magna aliquyam erat, sed diam voluptua. At vero eos et accusam et justo duo dolores et ea re

Lorem ipsum dolor sit amet, consetetur sadipscing elitr, sed diam nonumy eirmod tempor invidunt ut labore et dolore magna aliquyam erat, sed diam voluptua. At vero eos et accusam et justo duo dolores et ea rebum. Stet clita kasd gubergren, no sea takimata sanctus est. Lorem ipsum dolor sit amet, consetetur sadipscing elitr, sed diam nonumy eirmod tempor invidunt ut

Scabby sadipscing elitr, sed diam nonumy eirmod tempor invidunt ut labore et dolore magna aliquyam erat, sed diam voluptua. At vero eos et accusam et justo duo dolores et ea rebum. Stet clita kasd gubergren, no sea takimata sanctus. Lorem ipsum dolor sit amet, consetetur sadipscing elitr, sed diam nonumy eirmod tempor invidunt ut labore et dolore magna aliquyam

Lorem ipsum dolor sit amet, consetetur sadipscing elitr, sed diam nonumy eirmod tempor invidunt ut labore et dolore magna aliquyam erat, sed diam voluptua. At vero eos et accusam et justo duo dolores et ea rebum. Stet clita kasd gubergren, no sea takimata sanctus est. Lorem ipsum dolor sit amet, consetetur sadipscing elitr, sed diam nonumy eirmod tempor invidunt ut labore et dolore magna aliquyam erat, sed diam voluptua. At vero eos et accusam et justo duo dolores et ea rebum. Lorem ipsum dolor sit amet, consetetur sadipscing elitr, sed diam nonumy eirmod tempor invidunt ut labore et dolore magna aliquyam erat, sed diam volup

Situ olor sit amet, consetetur sadipscing elitr, sed diam nonumy eirmod tempor invidunt ut labore et dolore magna aliquyam erat, sed diam voluptua. At vero eos et accusam et justo duo dolores et ea rebum. Stet clita kasd gubergren, no sea takimata sanctus est. Lorem ipsum dolor

Lorem ipsum dolor sit amet, consetetur sadipscing elitr, sed diam nonumy eirmod tempor invidunt ut labore et dolore magna aliquyam erat, sed diam voluptua. At vero eos et accusam et justo duo dolores et ea rebum. Stet clita kasd gubergren, no sea takimata sanctus est. Lorem ipsum dolor

SYMMETRY

PICTORIAL CONSIDERATIONS

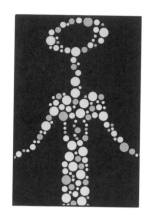
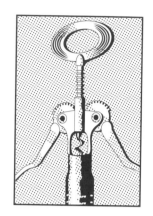

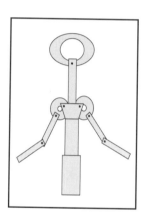

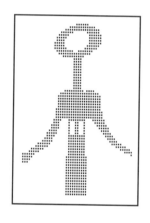

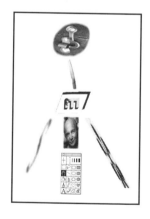
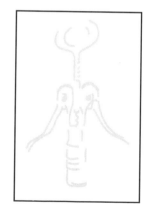
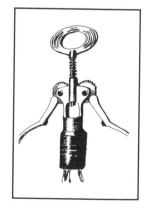

INTERPRETATION OF IMAGE

CROPPING AN IMAGE

gout

eye

BILL

LUGGAGE

PRESSURE

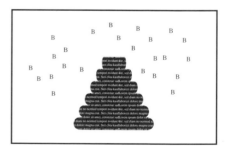

PICTORIAL CONSIDERATIONS

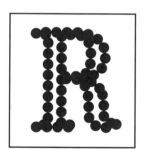

MANIPULATING LETTERFORMS #1

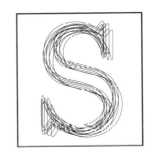

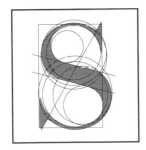

PICTORIAL CONSIDERATIONS

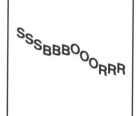

MANIPULATING WORDS

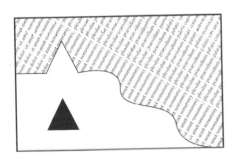

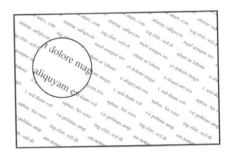

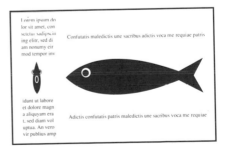

VISUAL EQUATIONS

DESCRIPTION OF TERMS

Chapter One STRUCTURING SPACE

Chapter Two ORIENTING ON THE PAGE

Chapter Three TEXT SYSTEMS

Chapter Four ORDERING INFORMATION

Chapter Five PICTORIAL CONSIDERATIONS